Living with a SEAL

31 Days Training with the Toughest Man on the Planet

和海豹特種部隊生活的31天

百萬企業家脫離舒適圈，
突破體能極限，
鍛鍊強韌心智的終極之旅

傑西・伊茨勒 Jesse Itzler
錢基蓮——譯

謹以本書獻給在我每一場比賽、每一個重要活動、
以及我人生中的每個重要時刻都到場的父親和母親。
同時，也要獻給我的妻子，
我不斷從她身上學到何謂堅定不移的支持與愛。
除此之外，
她也有包容我的耐心。

免責聲明

書中所有的事情都是從記憶中加以重建的，為陳述發生過的事情或是說話的內容，有時候還會予以濃縮一番，以去蕪存菁。我盡量保持我經歷這些事情的先後順序，但某些事情實際發生的時間比書裡早一點或晚一點也不無可能。

書中所寫的每一項體能鍛鍊都是真有其事，但請務必注意，我並不是建議你照做或是嘗試本書中所說的任何一項鍛鍊。因為首先，我不希望有任何人受傷；其次，誰會沒事想挨告呢？

和任何與速度、器材、耐力、環境因素有關的活動一樣，《和海豹特種部隊生活的31天》中敘述的體能訓練會帶來非常嚴重的危險，所有的讀者都應為自己的安全負全部的責任，知道自己的極限。「海豹」是教練，精通體能訓練，而且每一個訓練項目都考慮到我的經驗、能力、訓練級數，以及我能做到的程度。

我在與海豹生活的期間詳詳細細的寫日記，日記內容隨即又在部落格上發表，當時主要是寫給親友看，但是隨著我的訓練內容日益瘋狂，觀眾狂熱的程度也有增無減，於是這本書應運而生。

在書中，你會發現我只以「海豹」稱呼我的教練，因為他要求我不要透露他的姓名。而且他沒有說「請」。

目錄

推薦序

運動和創業，對我而言都是探索個人極限

Fitmily親子動家庭體適能系統創辦人、AppWorks之初創投共同創辦人暨前合夥人　詹益鑑

這是一個瘋狂的故事，無論從什麼角度來閱讀。

讓一名曾在戰場上出生入死、意志與身材都如鋼鐵的前海豹特種部隊成員，住進紐約中央公園旁的豪宅，伴隨自己三十一天，無論上班、會議、出差、搭乘私人客機、與家人過聖誕節、和同事舉辦年終派對，他都如保鏢般隨侍在側，聽起來非常安全而且讓人羨慕。是吧？

讓我講述另一個版本給你聽。一位前海豹私人教練，在你邀請與同意之下，訂下讓你覺得不可思議、遠超過目前極限的鍛鍊方式與目標，例如在一天中完成一千次伏地挺身，穿著五十磅重量背心進行路跑訓練，或者在零下十五度的山路跑步後，把下半身浸入結冰湖面的水中；而且每天的訓練都比前一天嚴苛，無論天候多惡劣、不管時間與地點，海豹就是會帶著你完成。

身為同樣熱愛耐力運動、健身與自我鍛鍊的創業者，讀完這故事，連「同樣」兩個字都說不出口。更遑論作者是得過艾美獎的前饒舌歌手、數次創業成功、完成十幾場馬拉松，娶了同為成功創業者的美嬌娘，他們的故事就已經教一般人覺得宛如神話。

那為什麼如此一位成功人士要這樣挑戰自己？是為了身體與比賽成績？還是只是無謂地找自己麻煩？跟作者完全不同生活型態與個性的海豹，兩人能順利共處，還是會無法忍受彼此？

為了不打擾各位閱讀的樂趣，答案留給各位追尋。但我可以說說自己的體會。

在歷經五年的路跑與鐵人賽事，並且透過專業教練指導與自主訓練後，這兩年我終於明白，運動與健身不只是為了休閒與健康，更是認識自己的最好方式。過去我為了追求健康而維持運動，但現在我為了享受運動而保持健康。

運動最大的樂趣，在於探索個人的極限，以及一旦適應就必須突破的舒適圈。而運動最大的風險，則在於沒有專業的指導，除了效率低落，受傷更可能引起多重的負面效果。

上面這段話，把「運動」兩字換成「創業」，同樣精準；也是我十多年來多次跨越於創業與創投身份之間的領悟。這也就是為什麼這段三十一天的故事雖然瘋狂、兩位主角都非凡人，但仍深具啟發意義的原因。因為即便成功若此，你永遠都可以挑戰身心與意志的極限。追求卓越而非滿於現狀，就是所有成功者的共同面貌。

推薦序

在乎身體對付身體尊重身體

知名廣告導演、作家　盧建彰

自己，應該是世上最頑強的敵人。

如果可以每天對付自己，而不是應付自己，那麼那些世界級的艱難任務，像緝捕賓拉登，可能比起來就容易些了。

他在意身體，對付身體，尊重身體，然後，這樣就比較像個「人」了。

或者，應該說，他就比較能掌握自己。

那應該就比較能掌握世界了。

這是本很有趣的書，作者是個饒舌歌手，紐約尼克隊的加油歌是他寫的，他也是個私人包機公司的老闆，光這兩個身分就讓我很想讀這本書；最妙的是，他找了一個前海豹特種部隊的成員到家裡來，來訓練他。

全書讓我不斷地笑著，然後又張大嘴，因為真的很誇張呀，誰會在零下二十度大風雪的日子說：「現在外面陽光普照，溫度宜人，實在好適合跑步」，然後就拉著出去跑九英里啦？根本是莫名其妙啊，但，這好像都是真的。

誰會在辦公室裡逼全身西裝的人站起來做仰臥起坐伏地挺身開合跳，弄得大老闆只好把西裝、襯衫、西裝褲全脫掉，只穿著內衣內褲在辦公室裡揮汗運動，害得女性同事進來馬上嚇得跑出去？

讀了這本書，讓我現在只要趴著寫稿，開始有點不專心想偷看臉書時（對，對於想認真工作的人來說，就是偷看），就會起來然後趴到地板上做伏地挺身，一天下來，就可以做上近兩百下，可見我有多麼認真做運動，也有多麼不認真寫稿。

他非常重視身體，也非常不重視身體，他重視身體的鍛鍊，但不重視身體的哀號，他認為環境是可以靠意志力去改變的，光是「溫度」就是一個主觀感受而已，你可以勝過肉體。一邊在讀的時候，我就一直想起聖經說的「不要體貼肉體」，這句初看覺得很奇特的組合，誰會把「體貼」用在這種地方啦，但讀了這本書後，我倒是有了一些體會，原來平常我們都是過度體貼肉體。

海豹講了一句話，很有趣，不，應該說，他講的很多句話，我都覺得很有趣。比方跟「有趣」有關的，他說：「不一定要有趣，但一定要有效」，我就覺得很有趣。（天啊，我這樣算是有點繞口令嗎？）

我們在生活裡似乎太重視有趣了，導致看待每件事似乎都覺得不夠有趣，我們得了「有趣缺乏症」，隨時都處於一種需要刺激的狀態底下，老是覺得煩，老是覺得悶，老是覺得無聊，覺得自己無聊，覺得世界無聊，想做很多事讓自己感覺活著，卻又什麼都沒做，除了抱怨。老實說，那也許也是我們瘋狂購物卻仍不滿足的原因之一。

但，你自己本身就很有趣，如果你肯花時間在自己身上的話。

每一次的伏地挺身、每一次的跑步，都是你跟自己的對話。

這本書應該會是你購物車裡最有趣的東西，如果不是，至少它會是個有效的東西。

在哈哈哈笑完後。

作者序

成為更好的自己

人們問我怎麼會想到要找個海豹特種部隊的隊員來訓練自己。我給的一種答案是，在體適能方面，我是個慣性的動物。我猜和大部分同齡者比起來，我的體能狀態非常之好，生活也非常愉快。當時我已經娶得美嬌娘（現在依然如此），我們有了第一個十八個月大的漂亮兒子（之後再接再厲又生了兩個）。我一九九二年大學畢業後不久便開始跑步，之後沒有跑步的日子屈指可數。我在紐約市一場又一場地跑了十八場馬拉松，那已成了行之有年的同樣訓練，訓練計畫全都一模一樣，跑步路線也毫無更動。我跑步前一天都在同一家商店買香蕉，每場馬拉松的前一天訂的披薩口味也都一樣。

我這個人就是喜歡規律。

規律可能是件好事，尤其是在體能訓練方面。然而規律也可能使人墨守成規。許多人的生活就像開著自動導航裝置，每天做一樣的事：早上起床，出門上班，下班回家，然後吃晚餐，就這麼周而復始的重覆著。我發現自己正在往那個方向移動。我的導航控制系統彷彿已被設定，所以我毫無進步。

我想要擺脫這個模式，想大舉顛覆一下生活的方式。讓我在中央公園西大道的生活，和海豹絕不妥協、與人疏離的生活彼此融合（或者該說是，磨合）一段時間，正是我所需要的。這件事完全是始料未及，也是空前絕後，是腦子有問題的人才會做的事（好吧，我承認的確是這樣），可是研究顯示打破常規不僅對身心，還有大腦也都是好事。所以，就來個徹底翻轉吧！做些脫離常軌的事，跳出框架思考。既然人生苦短，為何不起身立行呢？套句海豹的話說：「這可不是彩排，靠。」

這是我們相處一個月的故事，也是兩個人必須走出自己舒適圈的故事。而這兩個人就是海豹和我。他和警衛、廚師和司機在一起都會感到不自在，這種情況就像是睡在椅子上、刻意在三更半夜起床，還有在最惡劣的狀況下跑步也會讓我覺得不舒服一樣。他不守成規、莫名其妙的訓練時間，反而讓我對我的生活有更深的認識。

海豹擁有我想要的特質，只是我不太清楚那是什麼，所以我想要搞清楚。你還記得電影《小子難纏》裡那位宮城先生嗎？他有一套非常不按牌理出牌的訓練方法。丹尼爾．拉魯索（拉夫．馬奇歐飾演）想學習武術，但是宮城先生卻讓他從一些日常瑣事開始做起。之後，丹尼爾不知不覺經由肌肉記憶發展出阻攻技巧，然而最後他學到的卻遠超過武術。我請海豹住到我家訓練我時，想要的就是這樣的訓練。我想鍛鍊體魄，但也想鍛鍊心智和心靈，唯一的差別在於我不是為了保護自己或贏得獎盃，而且我也早已抱得美人歸。我只是想要變得更好罷了。

基本上，我在工作和生活方面已經有夠不按牌理出牌了，而且這個方式也對我一直很管用。我看重的不是傳統的履歷表，而是生活的履歷表。我想要多做一點，讓回憶更豐富。只有在回顧過往的成功與失敗時，我才能夠把那些點串連成線。我從來沒想到、也沒打算讓自己從九〇年代的MTV饒舌歌手，變成如今一家私人飛機公司的擁有者和經營者。我的正常一向都是不正常。

不知當時我是在想自己到底還可以活多久，還是擔心自己在顛峰狀態不知還能維持幾年光景，或是諸如此類的事。我那時只是覺得當下是做些改變的大好時機，不用說你也知道，我指的就是要打破那個一成不變的規律。

我相信最好的想法都是沒有花太多時間去思考出來的。我和海豹共度的時光正是如此，而我的收穫遠遠大於我的期望。我人生大部分的成就來自於學習去做不擅長、不喜歡做的事。我說過，我只是想要讓自己變得更好。

每天做一件你不擅長的事。——海豹

海豹是在二〇一〇年十二月住進我家，開始訓練我的。

那年冬天的降雪量在史上是數一數二的多。機場關閉，火車誤點。東北部大西洋沿岸的一場暴風雪，一天之內就在紐約市落下二十多英吋（超過五十公分）的厚雪。

強風把紛飛的雪花吹送成一堆堆四吋高的雪堆。市區巴士的司機半路棄駛，一般汽車駕駛也一樣，連掃雪車也多日無法出動鏟雪。我確信和海豹的訓練課程會受到影響。但那是在我還不了解他這個人之前的想法。

第1天 抵達

紐約市

-10°C

06:38

我所受的訓練就是要來無影，去無蹤。——海豹

我把燕麥倒進碗裡，再往壺裡裝水，點燃爐子，設定定時器，按下遙控器，然後讓一歲半大的兒子拉澤就定位，讓他看他的《小小愛因斯坦》影片。

我瞄了客房一眼，確認床已經舖好。兒子咯咯地笑著，讓我覺得很療癒。再去看一下還在睡夢中的老婆莎拉，然後又檢查一次客房，確定一切都井然有序，又或像是海軍形容的那樣，艦隊排列得很整齊（隨便他們愛怎麼說都行）。我聽到定時器響了，於是切幾根香蕉，在上面淋一些蜂蜜，然後看微波爐上的時間，現在是早上六點三十八分。

預定到達時間是：二十二分鐘後。

我全身緊繃，覺得很緊張。

我陪兒子坐著，餵他吃早餐，看《小小愛因斯坦》。碗裡還有香蕉，可是我吃不

下。我走進浴室，看著鏡中的自己，兩手把頭髮往後掠，再對著鏡中的自己咧開嘴巴檢查牙齒。沒有食物的殘渣嵌在裡面。

接著又走回客廳。

我盡量做伏地挺身：二十二下。

我看時鐘：六點四十四。

萬一他叫不到計程車怎麼辦？像他這樣的人會坐計程車嗎？說不定他會一路跑步到我家裡。飛機會不會誤點？說不定他變卦了？也許我該先打個電話才對。我在說什麼啊？這傢伙有可能曾經用跳傘的方式進入其他國家，所以他一定知道如何準時到我家的。對吧？

可是他從來沒有問過我家的地址，從來沒有問要帶什麼東西來。他不肯給我他的航班，也沒有開口要我派車去接機。什麼都沒有。事實上，這個人唯一說的只有：「我洞拐洞洞到。」那是早上七點的軍事說法。

我第一次看到「海豹」是在聖地牙哥的二十四小時接力馬拉松比賽裡。我跑過幾次馬拉松，但那是頭一次跑極限馬拉松。我們那隊有六名極限馬拉松跑者，我是其中之一。每個人輪流跑二十分鐘，目標是：在二十四小時內跑的哩程勝過其他隊伍。與賽的團隊來自全美各地。你也知道，這種時候就是朋友們聚在一起測試自己的體能與意志力。然而海豹卻不是組隊而來。他沒有朋友，整場馬拉松他都是……一個人跑。

那場比賽的預算不但很低，而且低得可憐。比賽的整個跑道是在聖地牙哥動物園附近一座沒有燈光的停車場繞著一英里（約一．六公里）的環路，還沒有贊助商，意思就是說得自己準備所有物資，凡是需要的任何東西都得自備。

我和隊友們在比賽前一晚就飛到那裡預做準備。我們先到賽場沿著賽道走，同時擬定策略，並在晚上就寢前準備好比賽用品和補給品，這樣第二天起床後便可出發。水，運動飲料，香蕉，能量棒，ＯＫ繃。一切都準備就緒。

賽前我們在草地上圍成一個小圈子做些伸展運動。我既緊張又興奮，但還是不由自主地注意到十呎（三公尺）外的那個傢伙。說他這個人引人注目算是保守的說法了。首先，他是比賽中唯一的非裔美籍跑者。其次，他的體重有二百六十磅（約有一百二十公斤），而其他跑者大多是介於一百四十到一百六十五磅（六十到七十五公斤）之間。第三，人人都健談友善，但這個傢伙看起來卻是一臉的不爽。我的意思是說，他看起來像是有一肚子氣。

他就這麼把雙臂交叉在胸前，獨自坐在折疊椅上等比賽開始。不做熱身，不做準備，沒有穿高級跑鞋，沒有隊友，也沒有笑容。就那麼一聲不吭地坐著，一臉「別來惹我」的表情。他在這場二十四小時馬拉松的補給物品是一箱餅乾和水，就只有這樣，而且就放在椅子旁邊。

這傢伙的樣子介於神鬼戰士和我兒子的《特種部隊》動畫的英雄人偶之間，只不過他是真人版，看起來久經沙場，獨來獨往，堅不可摧，意志堅定。

就連他吐口水的樣子也挺嚇人的。要是他用口水吐你，八成會在你身上留下一道疤。總之他令人望之生畏，因為就身材而言，他看起來就像是用噴漆在全身噴出肌肉線條的人，而且那些線條清楚分明，完美無瑕。

比賽開始之後，我們在個別跑的賽段空檔會做一些伸展動作，補充水分，避免運動傷害，並且塗很多凡士林。我有一個朋友老愛說：「老兄，超馬可是會把人磨到破皮啊。」比賽進行中我幫隊友加油時，總忍不住要關注那個單槍匹馬參賽的傢伙。他到底是何方神聖？

他的怒氣有股吸引力。我感覺在他陰沉沉的外表下有一種說不出所以然的東西，也許是一種榮譽感或是剛正不阿的感覺，也或許是目標明確。對了，就是這樣！他跑步時帶有一種我不太能理解的明確目標，而且跑起來像是一副有好多人全得靠他跑步才能活下去的樣子，彷彿他是要跑到一間失火的房屋裡去救人、救小貓咪，又或者是救老太太。他的每一個步伐就像是在腳下製造一個個迷你地震，可是他的狀態始終無懈可擊，眼神專注，目光聚焦像鑽頭一樣的精準。但他就只是跑步……看手錶查看他的分段時間……就這麼一口氣跑一百英里。

二十四小時馬拉松跑完後，我累到爆，大腿緊繃到一步也走不動。和隊友們慢慢收起跑鞋、戶外椅、個人物品時，我又注意到他，這個兩百多磅重的大塊頭由一個女子（後來我才知道那是他老婆）攙扶著走到停車場，活像剛從墜機現場走出來。

這時我得出兩個結論：一、我從未見過這樣的人。二、我必須認識他。

我回家做了一些調查並上網搜尋後，確定了和他有關的幾件事，包括他以前是美國海軍的海豹特種部隊，而且功勛卓著。後來我查到一個他的聯絡電話，二話不說便打電話過去，當時他人是在西岸。

這是我的習慣。我只要看到有意思的人或讀到相關的報導，就會打電話給對方，基本上是想跟他們交個朋友。我老婆說這種舉動讓她想到中學時遞紙條給別人，上面寫道：「你要跟我做朋友嗎？請在『要』或『不要』的那一欄打勾。」這個嘛，我想我大概是一直停留在那個階段吧。

「喂？」他接起電話。

「請問你是海豹嗎？」

「這得看問的人是誰了。」他說。

這是我自高三那年打電話邀請蘇來參加畢業舞會以來，最緊張的一次。我開始說到那場賽跑，叨叨不休地說個不停，話說到一半時，心裡明白自己就像是我想掛對方電話的那種人。不過話說回來，我也不太確定他掛電話了沒——因為電話那一頭是一片死寂。

這次的經驗比打給蘇的那次更糟。

「喂？」我說。

「是。」

「請你給我十五分讓我當面跟你提一個計畫。」最後我說：「我現在在紐約市，不過我明天可以飛過去。」

沒有聲音。

「喂？」

沒有聲音。

「海豹？」

還是沒有聲音。

終於我聽到他說：「你要過來……就自己付錢。」

二十四小時後，我就到了加州。

我們在聖地牙哥的一家餐館碰面。稍作寒暄（主要都是我在說，他完全沒有回應）之後，我邀請他住進我家訓練我。

他眼神冷淡地盯著我看。我看不太出來他是覺得我有神經病呢，還是在思考我值不值得他花這個時間。他在掂我的斤兩。

一分鐘過去了。然後又是一分鐘。

「好，我接了，不過有一個條件，」他用心理變態教官那種帶有一點勵志性的說話口吻說：「你得全聽我的。」

「好。」

「我是指所有的事。」

「好。」

「我可以在任何時間叫你起床，也可以讓你挑戰任何極限。」

「嗯。」

「百無禁忌，做什麼都可以。」

「呃……」

「訓練結束時你一天可以做到一千下伏地挺身。」

「一千下？」

這事肯定不會像畢業舞會那麼愉快，我心想。

早上七點整，我家響起敲門聲。

他沒有帶行李，沒有帶手提箱，也面無表情。儘管已經是十二月，外面天寒地凍的，他卻沒有穿外套，沒有戴帽子，也沒有戴手套。而且一句寒暄問候都沒有。

他只是說：「你準備好了嗎？」

就直接開始了嗎？不用賽前先試投一下？不用說聲「你好」？不用說一句「外面很冷吧？」不然投個輕鬆愉快的下墜球也好啊！然而投過來的卻是洋基隊終結者馬里安諾．李維拉拿手的快速切球。

「真高興你來了，」我說：「需要什麼就儘管拿，不用客氣，就當在自己家一樣。我們家就是你家。」

「哪是啊，兄弟！這是你家。我沒有家。」

我哈哈一笑。
但海豹沒有笑。
「這只是一種說法，」我說：「就當在自己家一樣，只是一種表達方式。」
「我不是用表達方式行動的，老兄。我是用動作行動，關於這點我得立刻聲明。」
他說：「了解嗎？」
「好的。」
「蛤？」
「嗯……遵命？」
「我所受的訓練就是要來無影去無蹤，所以我在場的時候你根本不會知道。」
「好的。」
「好，那我們就開始吧。九分鐘後到這裡跟我會合。還有別帶著你靠他媽的那些表達方式來。」
靠他媽的？
我換上天冷時穿著的標準運動裝，包括兩件長袖運動衫、兩頂帽子、手套，然後走到大門口，海豹已經站在那裡，看著手錶。外面是攝氏零下十度，凜冽刺骨，可是他老兄穿的是短褲、一件T恤，戴一頂針織帽。

「我可能需要借雙手套。」海豹說。

「你可能需要手套？」

「是啊，或者是露指手套之類的。」

「就這樣？只要手套？」

「就這樣。」

「外面是零下十度吔。」我說。

「對你來說是零下十度，因為你告訴自己是零下十度！」

「不是，真的是零下十度。那是外面實際的氣溫，我的電腦上這麼說的。」

海豹停了一下，狀似我已經讓他感到失望的樣子。「你的電腦說的，蛤？」

他開始放聲大笑，可是那笑聲讓人不安，就像是《芝麻街》裡那個數字伯爵的笑聲。

「氣溫這個東西是你認為它幾度就是幾度，老兄，而不是電腦說了算。我認為現在有十度以上。」

我沒有跟他爭辯，畢竟我們才剛認識，所以乾脆說：「我懂了。」

「傑西，你泡過冰水嗎？」海豹問我。

我心想，是指故意的泡嗎？可是我回答「沒有」。

「唔，是水冰得要命嗎？還是只是你的腦袋瓜在說水冰得要命？是哪一種？」他又笑了起來。「控制你的意念，傑西。」

「了解。」（我得把這句話寫入待辦清單裡：控制意念。）

「這就對了。享受一下這種樂趣。如果你希望氣溫是二十度而且陽光普照……那麼現在氣溫就是二十度而且陽光普照。只管去跑就是了。這些自然的力量就在你的意念之中。我跑步的時候從來不看氣溫是幾度，誰理他媽的電腦上說氣溫是幾度？電腦又不會出去跑步，不是嗎？」

我不知道他的說法對不對，可是我沒有再回答「了解」，而是試著繼續套用這個唬弄的方式。

「這個方法對熱度的感覺也同樣管用嗎？我的意思是說，如果外面現在是三十五度，你可以在心裡想成是在下雪嗎？」

「不行，這是單向制，老兄。只能把冷想成熱。如果外面熱的時候……就他媽真是熱！」

要是我的朋友說出這種邏輯，我肯定會笑出聲來，可是這話是從海豹嘴裡說出來的，我差一點就信以為真。然而我可以感覺到從窗戶鑽進來的氣流，所以我才不管海豹怎麼說——實際上就是零下十度。

「喔，那麼，在高溫下的策略是什麼？」

「酷熱時是截然不同的思維模式，老兄。你必須回歸中世紀，擁抱這個熱度！豁出去跑。想一想別人是怎麼吃苦的。苦中作樂。」

「你說的苦是自己的，還是他們的？」

海豹的目光逼視我。

「兩者都有。」他說。然後朝我點點頭，這是「開跑」的訊號。

我們以每英里九分二十秒（約五公里五分五十秒）的配速跑向中央公園，我想海豹是想要摸清楚我的程度吧。我雖然是一個有經驗的馬拉松跑者，但從來跑不快。

我也可以用七分鐘的配速跑，只是不太喜歡這麼做。我喜歡從容地跑，用可以邊跑邊跟朋友講話的配速，跑起來比較愉快。我比較是屬於耐力型，而不是衝刺型。我發現耐力跑的心理挑戰大於體能的挑戰，而我對長跑時隔絕痛苦與無聊還挺在行的。

這個配速很適合我。心想，這個我行。

一小時之後……

在沖了個熱水澡再快速回覆幾封工作上的電子郵件之後，我向海豹快速介紹我們家。我們是住在曼哈頓上西區中央公園西大道十五號。這幢大廈在部落格上被稱為紐約市著名的大廈，也因為擁有迷人的視野、建築外觀以及名人住戶而被報導。許多世界級的企業總裁、運動員、藝人都住在這裡。

我兩年前說服莎拉搬進去，因為裡面有游泳池。「我們可以天天游泳啊，老婆。」所以，兩年後我們就住在這裡了。我們買了這棟公寓，但是從來沒有去過那座游泳池。

雖然我和老婆不認為自己是「光鮮氣派」的人，但這幢大廈絕對是這樣。事實上，我們剛搬進去時，看守電梯的人員（不是電梯操作員，而是電梯口的警衛）還要我走出電梯，因為電梯「只限住戶使用」。我猜是戴著滑雪帽、穿著短褲的我看起來不太像是住戶吧。

我從教海豹使用電視機遙控器開始，心想這應該是要和我們同住一個月的客人會想要知道的，對吧？

「你就這樣開。」我邊按開關邊說。

「我們不太會需要看電視。」他打斷我的話說。

「好吧……那我介紹其他的。」我說。

我放下遙控器，帶他走到廚房，心想，要是我們以後不看電視的話，至少也會要吃東西吧！我拉開第一個抽屜。

「這裡是放刀叉、湯匙、刀子的地方。」

「我不會用你的餐具。」他說。

蛤？我關上抽屜。

說不定在洗衣間裡運氣會好一點吧。

就在我要教他要如何使用洗衣機和烘衣機時，他再次打斷我的話，說：「喔，老兄，這些參觀的玩意兒可以省略，你只要告訴我怎麼去健身房就行了。」

好吧。參觀正式結束，於是我們走向健身房。

笑容開始在海豹的臉上出現，這是我頭一次看到他的門牙。他心花怒放，我看得出來他走進健身房後表情的變化，簡直就像是第一次看《綠野仙蹤》時，看到螢幕畫面從黑白變成彩色的那一刻，完全判若兩人。他走到單槓，往上一跳抓住槓桿吊上去，開始盪過來盪過去，再盪啊盪地盪了半天，最後才跳下來。我猜他很滿意，因為他的笑容幅度已經擴大。

「太棒了。你準備好了嗎？」他問。

「準備好什麼？」

「拉單槓。」

「你是說現在立刻馬上就開始嗎？」

「做十下。直上直下，我們先看看你做引體向上的本事。」

我跳上去抓住單槓，然後把我兩百磅（九十公斤）重的身體往上拉到下巴越過單槓。「一。」然後再下去。做到八時，我的雙腿已經開始狂踢，以便找到一點動力。我得把下巴抬到這個要命的單槓上方才行，可是我做不到。我掉落地面。海豹告訴我休息四十五秒之後重新再來一次。

四十五秒後我再跳上去抓住單槓。引體向上一向不是我的強項。說老實話，其實我很討厭做這個運動。勉強再做了六下，然後又掉落地面。這一次我以為不用再做了，可是海豹告訴我休息四十五秒後再繼續做。

四十五秒又過去了，這一次我做了三下就掉下來。每一次我往下掉時，兩條腿就更累一點。我一共做了十七下引體向上。我做完了，也累斃了。想來我以前從來沒有這麼快做完十七下引體向上，其實是從來沒有做到過十七下。我的右手抓著左腿的二頭肌、左手抓著右腿的二頭肌捏啊捏的，感覺像是有指甲卡在裡面。

「十七下！太酷了，我最多就只能做這樣了。我沒想到自己做得了這麼多下哩。真是太神奇了！我們回樓上去吧。」

我抬頭往上看，海豹面無表情地盯著我看……沒有表情。「在你做到一百下之前，我們就一直待在這裡。」

蝦米？

「我做不到一百下，那是不可能的事。」我說。

「那你最好想辦法做到。」他跟我說話的樣子就像是一個爸爸要兒子把自己的房間打掃乾淨。「你的態度很惡劣。」

我做了一下，就掉下來。

我繞著健身房走，試圖拖延這件無可改變的事。我的兩條臂膀垂掛在身體的兩側。海豹看著我。我無法再拖下去了，只好回到單槓，再做一下然後又掉落地面。接著再繞著健身房走一圈，再回到單槓。我又掉下來了。腿啪啪啪……上拉……下掉……啪啪啪……上拉……下掉……

九十分鐘後我做了九十七下。

訓練絕對已經開始了。

訓練合計：跑六英里，一百下引體向上。

是誰的遺傳？

我喜歡坐下來享受疼痛。那是我應得的。——海豹

我是在紐約州長島上的羅斯林長大的，上面有兩個姊姊和一個哥哥，我是老么，比最小的哥哥還小五歲。羅斯林和其他郊區一樣，住宅長得都差不多，後院相連，有一堆和我差不多的小蘿蔔頭來回巡邏晃蕩。

我媽媽有一只牛鈴，我在六、七棟房子之外就可以聽到媽媽叫我回家的鈴聲。我像牛一樣訓練有素。說起來還真是有點不好意思，我們家的規矩是：做完功課就可以去外面玩，可是聽到鈴聲就得回家，而且最好是在五分鐘之內回到家。我媽是最全心全意愛孩子的母親，可是她也很厲害，沒人敢唬弄她。我從來沒有聽過她罵人，可是她臉上的表情會讓你發現：她就快要開罵了。她就

這麼默不作聲，我每次都被嚇得不知所措。

我媽在傳統的兒童保健方面用的也是二元法。她會讓我吃乳酪漢堡、培根、冰淇淋、Oreo餅乾，我想吃什麼都行，可是X光機、氟化物、局部麻醉劑奴佛卡因這些東西卻會令她抓狂。她認為一九七〇年代對某些東西的研究和試驗不足，她不想讓我成為實驗室的白老鼠，所以直到發明那種可以穿在身上的大型鉛背心之後，我才第一次照X光，而且她認為氟化物是最毒的東西。我的生活裡不照X光和不使用氟化物是很容易的事，難的是謝絕使用局部麻醉藥。

我的牙醫叫作亨利．史密澤，他的診所距離我家大約四十五分鐘車程。我猜他是我媽能找到唯一鑽小朋友的牙齒時不用麻藥的牙醫了吧。亨利的做法有可能給了羅倫斯．奧立佛在電影《霹靂鑽》（Marathon Man）飾演的那個角色靈感。

所以當我所有的朋友去轉角那家牙科診所用麻藥無痛拔牙，還有棒棒糖可吃的時候，我卻得在汽車後座坐上四十五分鐘，瞪著車窗外，冷汗涔涔，想到……而且我們還是特意開車去做這件令人討厭到家的事。牙鑽的聲音聽起來就像是在燒灼骨骼，聞起來的味道也像。最起碼那種心理預期就很折磨人，對我而言是精神負擔很大的事。從停車場走到診所時，總會激起我想盡快逃跑的念頭和誘惑，可是當母親打開門讓我進去時，會同情地對我笑一笑——她是真心認為這麼做對我是最好的。

進到診所裡面，史密澤這傢伙就會開始鑽我的牙齒（我真的是托著我的臉頰在寫這些經過）。鑽子那股火花的味道、聲音、難以忍受的疼痛、還有我的嘴巴會痛很久很久，真是受苦受難。你會以為這會成為讓人好好刷牙的動機，然而每次檢查時我總是至少有一顆蛀牙。

我老爸基本上和老媽完全相反，他是順其自然的人。他在米尼奧拉開了一家水電材料行，一星期開六天（星期六做半天）。儘管他把所有時間都用來工作，但卻是一個親力親為的好爸爸。我們的每一場球賽、每一個活動他都會到場，而且堅持每天晚上一定要回家和家人一起吃晚餐。

他在家裡就像個科學狂人，地下室的工作間就是他的天地。他不喜歡看體育比賽或是和朋友出去，而是喜歡發明東西。當電影《回到未來》上映，「博士」發明時光機的零件Flux Capacitor電容器時，我當時心裡就想：「我爸爸就是那樣！」

我記得小學時有一次要做個實景模型，這個作業很簡單，只要用一個鞋盒做出自己家的樣子就好了。可是，等老爸「幫忙」之後，我的實景模型不但有自來水還有電。不蓋你，你還可以按一個鍵，然後這個實景模型小車庫的門就會開啟。

我絕對認為我的創造力是得自老爸的遺傳。就我所知，他是贊成使用局部麻醉劑的，只可惜，開車送我去看牙醫的人不是他。

而我長大之後會雇用海豹特種部隊，這個部分則是得自老媽的遺傳。

紐約市到波士頓

-7 ～ -9°C

07：00

第2天

天然能量飲的重要會議

我才是負責製造意外的人。我不接受任何意外。——海豹

我昨天晚上睡不著，是因為又緊張又興奮，而且做引體向上時傷到了二頭肌，一碰就痛。兩條腿一整夜呈九十度彎曲，好像都沒有動過。

說到神經質這件事，我現在可緊張了。不是一般求職面談或是諸如此類的緊張，而是那種不想因為無法完成訓練而讓海豹失望的緊張。這種焦慮感早在他到我家之前便已開始累積，而不想受傷的想法更仿如腦海裡的背景音樂般響個不停。這有點像是我在跑馬拉松之前的那種不安，對可能發生的情況有某種程度的不確定性，再加上昨天海豹期待我做一百下引體向上的方式，證明那已經是我的極限。還有他不肯在我做完一百下之前離開健身房……等等。

我覺得毛毛的。

總而言之，昨晚就寢前，海豹要我把鬧鐘定在〇六三〇（早上六點），準備〇七〇〇（早上七點）的整點開始跑步。

我其實不需要鬧鐘，因為早上六點我就聽到有人在門廳那裡走來走去。不是踮著腳尖式的走法，而像是故意弄出聲音要把我吵醒似的。我聽到過度大聲的假咳嗽聲……大門的關門聲……還有音量開得太大的音樂聲。

真是有夠討厭的。

我胡亂套上兩件運動衫、戴兩頂帽子、手套。海豹穿著昨天那件夏天的T恤，加上我借他的舊手套。我們出發了。

經過服務台時，看得出來門房很好奇海豹是何許人也。我好像聽到其中一個問另一人他是不是足球明星傑瑞．萊斯。

「哪是啊，這傢伙的塊頭可比傑瑞．萊斯大多了。」另一個人說。

我們像昨天一樣以每英里九分鐘的配速繞著中央公園跑。我們沒有交談。我可不是在說笑，我們之間沒有任何對話。我不太確定這個人要不要跟我做朋友……我也不太確定我現在是否想跟他交朋友了。

我的手臂因為做引體向上痛得要命，可是我啥都沒說，只是保持我的步伐。我這輩子雖然跑過很多長距離跑步，可是當我沒有每天練跑時，跑六英里對我而言很痛苦，因為距離很遠，而且絕對會很無聊。不論怎麼分段跑，六英里都得讓我跑上五、六十分鐘。這樣的跑步時間是很長的。

任何跑者都會告訴你，有時候跑步會健步如飛，心曠神怡，但有時候同樣的路段跑起來卻像是在受刑，而且慢得令人痛苦。像今天的時間好像就過得特別慢，有可能是因為跟陌生人一同跑的那種尷尬吧。和一個你完全不了解、而且完全不開口的人一起跑步是很奇怪的事，這種沈默令人非常不自在，就像是在和一個說你聽不懂的語言的人一起跑……只不過這個人非常令人膽顫心驚，而且還會再跟你同住三十天。無論如何，今天的跑步感覺上花的時間是我上一次跑步的兩倍。

到家之後，我趕快做一份奶昔、沖澡，然後上班。

三小時後……

我沒有告訴海豹我今天得飛到波士頓，中午要開個商務會議。去波士頓是有原因的，因為我最近成立一家叫「一〇〇哩集團」的公司。我很擅長掌握趨勢和預測下一波流行，成立這家公司就是發揮了此道。如果我找到一種我知道顧客會想要的產品或服務，而我對它們又有發自內心的熱情，我們的公司就會投資、行銷，或讓產品問世。

我們的第一項產品是個天然椰子水的新品牌，叫作「解渴椰子水」（Zico Coconut Water）。我是個跑者，很了解椰子水能補充水分的神奇特性，也確信這類產品會大賣。我還注意到大約每四年就會有一種新的天然健康飲品上市並且熱賣。石榴汁才剛席捲市場，因為廣告到處可見。我相信椰子水能帶動下一波熱潮。

起初我觀察從國外進口椰子水的做法，而且親自去了解付諸行動的可能性。在去過牙買加和巴西之後，我很快便了解和現有品牌合作，並幫助他們讓業務成長的做法才是王道。

那年夏天，我經介紹認識了「解渴」椰子水的創辦人馬克．藍波拉（Mark Rampolla）。「解渴」在當時是家營業額約五百萬美元的小公司，可是我的第六感告訴我這件事會有搞頭，而且我也很喜歡馬克，所以最後我與這家公司合夥，同時居中仲介與可口可樂達成交易，讓他們加入，成為其中的一個小股東。

可口可樂最近成立一個叫做VEB的部門，就是風險投資與新興品牌的意思。可口可樂的這家分公司負責找尋可以帶來十億美元營業額的新品牌，並在這些小公司成長初期與對方合作搭檔。他們已負責取得有機茶飲誠實茶（Honest Tea）、意利咖啡（Illy Coffee），以及其他熱門品牌。我的朋友藍斯・高林斯成立的飛想茶公司（Fuze）才剛賣給可口可樂，就是他介紹我認識這個部門的董事長，去了幾趟亞特蘭大後，三方建立了合作關係：「解渴」、一〇〇哩集團、可口可樂。可口可樂公司要求全體員工必須全力衝刺業績。「解渴」正蓄勢待發，所以這對我來說是一個重要的會議。

後來，我告訴海豹我們得去波士頓參加這項會議。我忘記事先跟他說明，但我相信他會理解才對——因為這是公事。

「真是夠了，傑西。我會去，但這完全是他媽的狗屁事情。別再給我搞這種混帳的意外。我才是負責製造意外的人，我不接受任何意外。我不是在跟你開玩笑：別再給我搞他媽的意外。我們的訓練得照常進行。」他鐵青著臉說。

「我保證會在今天晚上七點以前回來做訓練。」我說，希望能讓他不那麼失望。

他同意了，可是我心裡卻在想，他能怎樣？我總得工作啊，對不對？

到了中午，我們直接從辦公室前往機場，無需中途回家打包，因為我確定來得及回家做晚上的訓練。我在辦公桌下面多準備了一件短褲和T恤，便順手帶去……以防萬一。

我要見到職籃波士頓塞爾蒂克隊和籃球傳奇人物凱文．賈奈特（Kevin Garnett）的事，一點也沒讓海豹覺得興奮。這是我首次見到賈奈特本人，所以非常期待。我跟他的經紀人結為好友已有一段時日，聽說賈奈特雖然是運動飲料佳得樂（Gatorade）的官方代言人，但卻是「解渴」的粉絲，而且他還是個健身狂。

賈奈特非賽季時住在馬里布。可是嚴格來說，對他而言沒有什麼非賽季這回事，因為賽季一結束，他就會立刻投入健身訓練。他對自己一大清早練身體而且經常健身的習慣引以為豪。「我喜歡讓雙腳成為沙灘上的第一個足印。」他多次這麼說。我喜歡這個人的氣場以及他對健康的注重，所以認為他會是「解渴」理想的投資人和代言人。再說，把他從佳得樂那裡挖過來對我們是一大利多，何況我認為他的合約也快到重新簽訂的時候了。不用說，我對這次會議感到很興奮。

我在飛機上把安全帶繫到最緊，並且把冷氣孔直接對著我，然後把窗簾拉上。我從來不是個享受飛行的人（這是件很諷刺的事，因為我開的是私人包機公司）。這是我的迷信，我每次上機後總要把搭機前的檢查清單看三次，禱告，放卡洛爾．金（Carole King）的歌，再用腳跟點三下。這一次我很高興我這麼做了，因為用「顛簸」來形容飛行的過程根本是太輕描淡寫，那簡直有如在坐令人翻胃的雲霄飛車。飛機就像彈子台上的彈珠，一會兒東一會兒西地被拋來拋去。

在飛機如自由落體般地往下降時，我往海豹那兒瞥了一眼。他還是穿著早上跑步的那件短褲和T恤，正在看《體育畫報》。我不太確定海豹有沒有意識到我們已經起飛，因為他很悠閒地翻看著雜誌，一點也不擔心。

飛行二十分鐘後嗶聲鳴響示警，繫上安全帶的警示燈也亮起。飛機駕駛指示空服員「回到位子上，停止服務」，因為亂流非常嚴重。我嚇呆了，確信我們是在下墜。我滿頭大汗，雙手都濕透了，可是海豹，一點懼色也無，就只是看他的雜誌，悠哉游哉地翻頁和打呵欠。

好不容易我們在波士頓降落，能夠四肢俱全地著陸讓我欣喜若狂。

海豹根本毫不在乎，還轉頭對我說：「這趟飛得不錯嘛！」

16：00

我們步入波士頓塞爾蒂克隊練習場地的會議室時，賈奈特、他的經紀人，以及負責他財務的一些人馬已經到場。賈奈特比我想像中高，肌肉線條超猛的，而且本人看起來肌肉更精實，氣勢逼人。他剛結束三小時的練習，沖完澡，準備談生意了。

我們被帶進一間可以俯看整個球場的大房間，球隊的高級主管們就坐在那裡觀看球員練習。我感覺挺愉快的。我喜歡讓我信任的人和產品有合作的機會，對這類會議也頗得心應手，所以還蠻有自信的。

「嘿，凱文，你好，我是傑西．伊茨勒……」我和賈奈特握手（他的手像調理包「漢堡幫手」（Hamburger Helper）的大手一樣大），可是我知道他沒在看我，他看的是海豹。

「這位是海豹。」我說。

海豹點點頭，賈奈特也點了點頭。那感覺彷彿是場無聲的對峙——兩個大西部的槍手正在打量彼此。

「我請來一位海豹特種部隊的隊員和我住一個月左右，」我開口解釋：「就是訓練我，幫我把生活做些改變。」

賈奈特眉毛聳得高高的，看起來就像我是第一個帶海豹特種部隊參加他商務會議的人。

「他一起來開會沒關係吧？」

我遞了一罐「解渴」椰子水給賈奈特，露出笑容，並立即祭出我的廣告話術：「如果大自然能加入運動飲料業的話，『解渴』就會是她的佳得樂……」

「你一天跑幾英里？」賈奈特終於打破和海豹之間保持的沈默，開口問道。

「看情況。」海豹聳聳肩說。

「有做舉重還是抗阻力訓練嗎？」

「可說有也可說沒有。」

「無氧閾值呢？」

「身體組成呢？」

「最大心率是多少？」

「你的耗氧量多少？」

賈奈特連續提出一些問題，海豹左閃右避地回答。這不是槍戰，倒比較像是賈奈特在紐約市皇后區法拉盛的美國公開賽打準決賽，而海豹則是在野炊時打羽毛球。

數小時過去了。我們一次也沒有談到「解渴」，我就只是乾坐在那兒。我們談健身，或者該說是他們談健身。我看得出來海豹在打探賈奈特的消息。他們連接上某種共同的戰士共鳴廣播電台，我也聽到了，只不過我聽到的戰士共鳴電台和他們不是同一個。

天氣開始轉壞。會議繼續進行，一直不斷地繼續著。

「就這樣吧。」賈奈特終於說道，這表示會議結束了。

那「解渴」呢？我滿腹疑問。

賈奈特和海豹都轉身看著我，好像我才剛剛變個魔術重新現身似的。他們給彼此一個熊抱，然後我們就互道珍重。最後賈奈特轉頭看我。

「這事很簡單，不論你們做他媽的任何事，」賈奈特說：「我都要參一腳。」

波士頓晚上8：30

20：00

我走出那棟大樓之後就舉起拳頭跟海豹做了一個拳頭碰。不過走進全面發威的暴風雪後，這股欣喜之情隨即轉為恐懼。情況不妙，我心想。這有可能正是海豹所謂的「意外」，但這是大自然的傑作——不是我。

我們完全不打算去機場，我在波士頓花園球館附近找了一家旅館，入住時天色已經不早，我累得需要休息，可能會租一部片子，叫個東西到房間裡吃。可是我才剛躺上床，就聽到敲門聲。

「走人，」聲音透門而入：「十分鐘內到樓下大廳見。」

「可是天冷得要命而且還在下雪。」

「十分鐘。」

「可是今天早上已經跑過了。」

「十分鐘。」

「可是我沒帶保暖的衣物耶！」

八分鐘後我走出大廳的電梯，海豹已在那裡。他在服務檯那裡等，一副我已經遲到的表情，可是我其實還早到了兩分鐘。那是當天的第二趟跑步，氣溫持續在下降。我穿著短褲、T恤，戴著帽子，外面罩一件運動外套，就這樣而已。戶外是零下八度，我們沿著波士頓碼頭跑。天氣冷得刺骨，風很大而且雪濛濛。我真是不想去外面，可是又毫無選擇。我冷到爆，只想回到旅館房間點東西吃，透過窗戶看雪就好。而且，我真想做的是，趁著記憶猶新，思考賈奈特和「解渴」要做的下一步。

我試著跟海豹分析和賈奈特的會議，並討論這場勝利。

「這個會議太讚了。」我說。

沒有反應。

「你覺得他的理財專員搞懂是怎麼回事了嗎？」

沒有反應。

「你覺得他的理財專員怎麼樣？」

沒有反應。

差不多一分鐘之後海豹終於說：「媽的，KG秀的時間到了。」

我想還是算了吧。

我不太確定今天晚上沿著跑步的那條河叫什麼，我猜是查爾斯河吧。這個猜測毫無根據，只不過在波士頓我只知道這條河。不論是對是錯，我想像天熱的時候，河上有很多大學生划船的景象。我不確定海豹大腦中有沒有出現任何景象，他只是注視著前方，好像預料前方會有人埋伏的樣子。不過敵人並沒有出現。

回到旅館之後，我的手指頭凍僵了。我用電腦谷歌了一下「凍傷」這個詞，但是手指根本沒法按鍵盤。我們只跑了六英里，早上也跑了六英里，到目前為止已跑了十八英里。

我把濕衣服丟進浴缸，把運動外套放在房裡的暖器上烘乾，再打電話跟莎拉報平安。每次出差在外時，想到不在老婆兒子身邊總是感到不捨（不過通一下電話總能讓我的心暖起來）。已經晚上九點半，她沒有接電話，電話只是一直空響。

莎拉喜歡早睡。我從二〇〇六年在拉斯維加斯一場撲克牌錦標賽認識她以來一直是如此。

莎拉之前是我的「侯爵包機公司」的顧客。那是我二〇〇一年和人合夥成立的私人包機公司。我們的合夥人NetJets要舉辦一場撲克牌錦標賽，每一桌只有四十個座位。當時我們有三千多名顧客，要從中挑出四十位實屬不易。每一個業務代表必須交出四、五個他們認為值得邀請的顧客名單，然後我和合夥人肯尼再從每一個地區中選出一個要邀請的人。

我的喬治亞洲代表打電話給我，說她認為該給她手上一位年輕的女業主入場券，接著便傳給我一張這個人的照片。那是一張金髮美女的大頭照，頭上放了顆蘋果。蝦米？我的興趣被勾起來了。她可真是個美女啊！於是我告訴這個業務代表不用再傳其他的名單給我，直接邀請這個頭上有蘋果的女子就好。

舉行錦標賽的那個晚上，我們一行約十五人去吃晚餐，那個女孩子也在其中。晚餐吃了三十分鐘，她便說已經過了她就寢的時間，所以她要打道回房。我看手錶，時間是晚上九點半。在拉斯維加斯有誰會在晚上九點半就上床？真是個怪咖，我心想。兩年後，我把那個怪咖娶回家了。

電話被轉到語音信箱，我留了話。因為已經過了九點，想必莎拉已進入夢鄉，所以今晚該到此為止了。因為天氣造成的延誤，我想明天機場會塞爆，所以想明早提早到機場。

訓練合計：在凍雨中跑十二英里。

波士頓

-2°C

05：00

第3天 我的蛋蛋啊！

你要能感覺到速度。——海豹

房間的電話在響。現在幾點啦？我沒有請旅館打電話叫我起床啊。顯然是海豹打來的，於是我翻身拿起電話。

「該出發了。」這是我聽到的第一句話。

昨天海豹跟我說，他在這裡的頭三天是幫我打「基礎」期間，要我早上跑六英里，晚上跑三英里。

三天打基礎？聽起來挺扯的。打基礎不是得好花上幾個月才對嗎？

無論如何，我壓根沒料到會在波士頓過夜，所以沒有衣服可換，再加上昨天晚上跑步時的雪和汗，衣服到現在還又濕又冷。下樓之前，我在我們兩間房之間的走廊上跟海豹討論了一下我的小問題。

「海豹，我有一個問題。」我對他說：「我沒帶多的內褲。」

「那又怎樣？」

「我沒有辦法不穿內褲跑步。」

「不對，兄弟，你沒有腿的話才沒辦法跑。走人。」

於是我穿著昨晚搞得冰冷濕透的衣服，還沒出門就已經冷得有夠悲催的。內褲太濕，沒辦法穿上身，於是乾脆走「突擊隊」風格[1]。

我們在大廳會合。今天的配速比昨晚快，差不多是每英里快一分鐘。有人忘了叫太陽起床，因為外面仍然漆黑一片。我們忽而衝進對面來車的車燈照出的光線中，忽而遁入陰影裡，簡直活像在監獄放風場上正準備逃獄的囚犯。當我們轉彎時，汽車鳴按喇叭，我們再急轉彎，喇叭聲更大。我只是在勉力與海豹齊步並進。

顯然海豹比較喜歡在馬路上面對來車跑，也盡可能靠近行進中的車子。為什麼不在人行道上跑呢？為什麼非要在馬路上跑？我也不太確定原因。說不定他喜歡腎上腺素激增的感覺。我是寧可在安靜的街道上跑，沒有廢氣，也沒有距離我近乎一吋、差點就快撞死我的車子！不論原因為何，他就是堅持這麼跑。

兩步之外就是人行道，一躍可上。這個人行道甚至有可能是為跑者而設，乾淨、空無一人、安全、吸引人。可是海豹視若無睹。我們一直在馬路上跑，險象環生地躲避車子，跳過水坑。我簡直快瘋掉了。他為什麼就是不能在人行道上跑？

跑了二十分鐘左右，海豹只對我說了兩個字。

「跟上。」

六英里跑程進行約三英里時，該掉頭跑回旅館了，於是我們便往回跑。太陽開始透過雲層照射出來。時間是早上五點半，我對閃避來車已小有心得，但還是不喜歡這樣。

回程中我開始知道有什麼地方不太對勁了，就是我的蛋蛋開始摩擦到短褲的布料，因為我沒有穿內褲。這種感覺可不怎麼愉快。

我維持原來的步伐，把右手放在蛋蛋上，再把手指伸出褲子，看到……血！我的想法證實了，是我的蛋蛋。我的蛋蛋因為摩擦而在流血。天啊！

1 此用語來自英國皇家海軍陸戰突擊隊，意指穿褲子但不穿內褲。

「海豹，我的蛋蛋在流血。」

「誰理你的小蛋蛋？」他說。

我們的跑速維持不變。

再跑一英里左右，我發現我認不得周遭的景物了。建築物……樹木……回旅館的路上沒有一樣東西看起來眼熟。這不是來時的路。

「不好意思，大哥，這裡看起來很陌生。我在想你有沒有可能走錯路了？」我喘著氣勉強問道：「以你受的訓練來說這是不可能的事吧？」

他瞪著我。「我是從特種部隊訓練學校出來的，兄弟……當然不可能！」

跑了四十八分鐘後，他的手錶第六次發出嗶聲，表示我們已跑滿六英里，可是根本沒看到旅館。我在想，跑三英里去，三英里回……這樣跑步應該結束了，對吧？別啊，老兄，我的蛋蛋他媽的在流血哩。

跑到八．三英里時，終於找到旅館了。

我對多跑的里程十分光火，可是海豹卻挺滿意的，就好像獲得加分似的。一走進旅館，海豹就拿出他的訓練日誌，扼要記下跑步的重點，日期、時間、配速、里程等等。他的字小之又小，所以他全年鍛鍊的詳細內容只用兩頁紙張記錄就夠了。我弓著腿走過大廳，實在是很痛。我在想櫃檯的服務人員能不能幫我流血的蛋蛋想想辦法。

「我是從特種部隊訓練學校出來的，兄弟。」

三小時後……

我打電話到海豹的房間，告訴他該出發前往機場了。

「收到。」他說。

時間是早上九點。我們在羅根機場滯留了好幾個小時。沒有任何航班起飛。我打了幾通電話，愉快地思考與賈奈特的那個會議所受到的歡迎。我看了幾本雜誌，四處走動一下，又打了幾通電話，可是海豹就只是坐在那兒，直視前方。他沒離開過那張椅子，沒有去上廁所。我甚至不太確定他有沒有眨眼睛，因為他目不轉睛。

我往他看的方向看過去，想知道他在看什麼。順著他的眼光，我看到一面磚牆，上面什麼東西也沒有。我再回頭看他，確認一下我有正確地對著他的視線望去，可是看到的還是那面磚牆。他就只是目不斜視地盯著，有如紐約市立圖書館門口的那隻石獅子。

海豹有兩個檔，就是空檔和馬力全開。可是他的空檔完全不同於一般的閒置，而是比較像發動和全速前進之間的時刻。他給我一種情況不太妙的感覺，可是我在他身邊也感覺到一種絕對的安全感，我說的不是人身安全，雖然也有這種意思在內。我指的是國防安全。

有三小時我就那麼踱來踱去，吃東西，購物，看報章雜誌，而海豹只是目不轉睛。好不容易才終於登上飛機。

仍是第三天。晚上。

謝天謝地，這次飛行比去波士頓時平順多了。在飛往紐約的途中我還可以小睡四十五分鐘，感覺好像有進入完整的快速動眼睡眠周期，睡得很死。我們在拉瓜迪亞機場降落，坐計程車回到紐約市。從機場到西區只有短短三十分鐘車程，回到家時將近八點。

海豹丟了一根香蕉給我，說「填點肚子」。一整天下來我只吃了機場食物，肚子早餓扁了，想要叫點販售健康食物的喬西餐廳的外賣來吃，可是海豹的菜單上沒有這個。他今天晚上的特餐就是丟過來的香蕉和跑好幾英里。

「咱們來把這區區三英里做個了結。」他說：「早上六英里，晚上三英里。」他重複一次：「我們得打好這個基礎。」

可能是我算錯了，可是我們今天早上明明已經跑了八．三英里啊，要是無條件進位的話，今天的份額已經跑完了。

我不是百分之百確定海豹同意來和我「共事」的原因。我雖然渴望改變我的生活，但我敢說他多多少少也同樣想看看我的生活方式吧，想在商務、旅行、家庭和生活等各方面都學習學習，也趁這個機會看看能不能得到退伍後該怎麼過的靈感。只是我也不太確定。我們才剛開始相處，可是我告訴自己記得在路上問問他。

紐約市的冬天可以冷死人，今天晚上我家對面的CNN大電視牆上說氣溫大約是攝氏零下八度。海豹穿上這五天來跑步時的同樣裝束。他的那些衣物是怎麼乾的？

我走進房間，穿上一層層的長袖運動衫，同時拿了兩頂帽子戴在頭上。頭部會讓人流失很多溫度，這是基本知識。嚴寒時只要保持頭部的溫暖，在身體保暖方面就成功了一半。我跑步時通常總是喜歡穿短褲（不管是幾度），可是今晚我穿上一條薄的緊身褲保暖，因為實在是真他媽的有夠冷。

坐電梯一路下降三十七層樓的時候，海豹看都沒看我一眼，好像在跟我嘔氣似的。真要說起來，他看起來倒像是在跟什麼比我重要的事情生氣。他是在跟這個世界生氣嗎？

「走吧。」電梯門打開時海豹說。「管他媽的，我們跑六英里。」準備跑步前海豹這樣說。我什麼都沒有問，因為他看起來怒氣沖沖。

我們在中央公園跑了六英里。我通常是順時鐘方向繞著中央公園的環路跑，可是今晚他想要反向跑。他告訴我這樣坡路會多很多。我不太確定是不是懂他的意思，對我來說，這聽起來就像是我在八年級時碰到的數學應用題，不過也沒有時間討論就是了。於是我們就出發了。

海豹在跑步時完全沒看手錶，一直到停下來時才按下他的GPS停止鍵。我聽到它發出嗶聲，顯示跑步結束並且記錄完畢。「我們的配速是每小時九分鐘。」他說，然後看手錶……五十四分整。他儼然就是一個活生生的GPS。

「海豹，哇靠！你不看手錶怎麼就知道我們的配速是九分鐘？」

「直覺。你必須感覺到速度。」

這個傢伙就像跑步的歐比王・肯諾比[2]！

二十分鐘後……

到了晚上十點左右，我開始想睡了。通常健身完後我的肚子不太會餓，今天晚上也一樣。我喝了杯水後洗手洗臉。莎拉在客裡廳看《時人》雜誌。

十分鐘後……

我走到海豹的房間道晚安，順便看看他有沒有什麼需要。我們之間的關係仍處於

2 電影《星際大戰》裡的絕地武士。

嬰兒期，所以我希望讓他有受歡迎的感覺。我在門上輕敲三下，然後探頭進去。他直挺挺地坐在床上，彷彿知道我會進去似的。

「嘿，兄弟，」我說：「你還好嗎？」

「你知道嗎，傑西？」海豹說：「我不好。說這些屁話有夠煩的。」海豹猛力往床上捶了一拳。「你人太好了，老兄。太可愛了。去你媽的。」

這都是什麼跟什麼啊？

「去搬張椅子來，拿一張你覺得最舒服的椅子。」

我不懂他在說什麼，可是我還是乖乖去工作室搬了一張木頭椅，有椅背的，回到他的房間。

「這個可以嗎？」

「很好！」海豹說：「坐下。」

我在椅子上坐下來。

「現在去拿一條毯子來。」

「等一下，拿什麼？」

他不會真要我睡在椅子上吧？

「你必須離開你的舒適圈，傑西，」他說：「停止過這種舒服的日子，去他媽的公園大道。」他小聲地自言自語：「去他媽的公園大道。」

可是我們就住在中央公園西大道耶……

於是我拿了條毯子，盡量在椅子上坐得舒服一點。每次我試著伸直四肢，進入斜

做個好夢

躺或臥床的姿勢時，就會滑出椅子。這時莎拉走了進來。

「咦，老公！唔……你在做什麼？」

「老婆，海豹說我得離開舒適圈。他要我睡在這張椅子上。這想必是一種心理訓練。」我盡量從正面去編故事，渾似我已在努力說服自己相信這麼做很好。

「傑西，你已經四十二歲，是個當爸爸的人了，請你回到自己的床上去。」

老婆知道我簽約要做的是什麼，可是她還是會翻翻白眼，不過這個批判的表情被她臉上的笑容略為沖淡了些。莎拉也知道我會竭盡所能完成海豹的任何挑戰，只是她沒有想到他會要我睡在椅子上。

毯子一點也不保暖，每次我變換姿勢時椅子也都會吱吱作響。老婆搖了搖頭，轉身走回房間，回到我們舖著精梳棉床單的舒服床上（我老婆喜歡好床單）。

已經半夜了。熄燈。

訓練合計：跑步十四·三英里（早上八·三英里，晚上六英里）。

莎拉的第一印象

我不會為了博得掌聲去做。我不會為了炫耀去做。我是為我自己而做。——海豹

莎拉在海豹住進我們家之前便已見過海豹，不過那是在我飛到西岸邀請他來之後。我告訴老婆我想要參加惡水灘（Badwater）的賽跑，那是在攝氏五十四度（這還是在陰影下的溫度）的高溫下穿越莫哈偉沙漠死亡谷跑一百三十五英里的艱苦超級馬拉松。莎拉認為這是她聽過最愚蠢的事，所以堅持要我在親身參賽之前，先去旁觀賽事，了解狀況。而我就像個好老公一樣地答應了。有鑑於比賽的極限性質以及賽事的危險性，她決定也該親自去看看，以便提供不同的意見。

我一直想要完成惡水灘的比賽，因為它被認為是世上最嚴酷的賽跑，實至

名歸。一百三十五英里，五十四度高溫，再加上最後十三英里賽程是直接跑上惠特尼峰[1]。我也知道海豹有參賽。

我只是覺得這項比賽正是我要為我的人生履歷表而跑的賽跑。這是身心的終極挑戰，所以我想要接受考驗。我大概也是想要能夠昂頭挺胸地對其他跑者說：「我完成了惡水灘超馬！」我說過，我想要精益求精。

所以那個夏天，我們的家庭「旅遊」就是在七月飛到那個鄉下觀看比賽。因為沒有直飛航班（或任何航班）前往死亡谷，所以我們得飛到拉斯維加斯，租一輛車，再開幾小時的車到沙漠。穿越沙漠前往死亡谷的車程又遠又悶，換成你是莎拉，絕不會認為這是度假的好方式（可是要去看比賽的我可是興奮得很）。我們在最後一波跑者開跑後不久到達現場，並把車開到起跑點外約二十英里處，為與賽者加油。

現場的「熱」情實在難以筆墨形容。到的時候，車內的溫度計顯示外面的氣溫是五十三度，因為太熱，所以剛開始時莎拉根本沒有下車。我們把車停在三十英里的標記處，在車內空調的吼鳴聲中觀看跑者跑過去。

不知道你以前有沒有看過超馬。與賽者是一種有趣的人種。套句莎拉的話就是：「感覺就像是讓九十個瘋人院裡的人坐上灰狗巴士，把他們送到沙漠，吹響哨聲，然後告訴他們連續跑兩天。」這樣形容，雖不中，亦不遠矣。大部分跑者看起來就像是介於骨瘦如柴的自然老師和茫然無措的牧羊人之間。我們為跑者加油打氣，他們也很高興有我們的支持，並且舉手和我們擊掌。有些人甚至還輕鬆地彼此交談了一下。莎拉不敢相信眼前的這群人就是參賽者，她期待看到的是超級跑將，而不是一群穿著短褲、看起來狀如科學狂人的傢伙。

然而她在地平線的另一端，看到她以為的一個幻象朝我們而來。他跑過來的時候，感覺就像是電影《火戰車》的音樂在死亡谷響起。

這傢伙簡直就是一台機器，他雙眼直視前方，跑步的樣子如履平地一路無阻，而他的肌肉就像是一列運行的火車。他經過我們時，莎拉跳上跳下地吶

1 Mount Whitney，位於加州內華達山脈中，是美國本土最高的山峰。

喊：「加油！加油！加油！」儘管在我們或他方圓一里之內都沒有其他人，但他仍毫無反應。沒有說「謝謝」……沒有微笑致意……什麼也沒有。

「媽呀，」她驚呼：「那個到底是什麼啊？」

數月之後，「那個什麼」住進了我們家。

紐約市

-3.8°C

05：30

第4天 慘兮兮的體適能測驗

我不會去想昨天的事。我思考的是今天，以及該如何精益求精。——海豹

我整晚都睡睡醒醒，然後早上五點半在椅子上正式醒來。我這輩子從來沒有早上五點半起床還那麼高興過。脖子難受得要命，背部呈L形，膝蓋伸不直。我大概睡了兩小時……頂多。海豹和我五點四十五分在客廳會合，他看起來像是已經沖過澡，喝過咖啡，看完早報。也許吧。但是他隻字不提椅子的事。一個字也沒有。

既然他已來了三天，我們也「打好了基礎」，海豹便決定要測驗一下我的……體能。我們昨晚「同意」〇六〇〇開始做「體適能測驗」。同意的意思，是指由他告訴我要幾點起床。

在海豹來以前，我完全不知要知何把軍隊的時間轉換成一般人的時間（也就是這世上其他人說的「時間」）。可是現在我已經精通這個換算。所以，〇五四五時我們下樓去健身房做測驗。

海豹在開始進行之前把汗衫脫掉。他看著健身房鏡中的自己，而且簡直就像是在慢動作檢查他有沒有在一夜之間讓他那個綠巨人浩克般的巨大身軀增加更多線條。我很抱歉地向他說明他在健身房裡得穿著衣服，這是規定……其他住戶很快也會到健身房來。

他一副我拿走他的玩具並且告訴他要刷牙似的表情，好像訂這個規定的人是我，好像我就是那個古板不通人情的人似的。

「這實在是最狗屁不通的事。」他說：「這裡是健身房，健身房裡都有鏡子。」

「我知道，可是這是規定。」

「哼，訂這個規定的人是渾蛋。」

他勉強穿上汗衫，然後我們走到單槓做他發明的「點點滴滴」。我們在每分鐘整開始進行，拉五下單槓（點點），再做十下伏地挺身（滴滴）。

每一次都是在秒針指到十二的時候開始，要是能在四十秒之內完成，就可以休息二十秒。這樣要做十分鐘（也就是一共要拉五十下單槓和做一百下伏地挺身）。可是我做到第四分鐘時，就不得不把拉單槓的次數減到三下。我跟不上這個速度。我是個跑者，而這是截然不同的技能訓練，想來大部分四十三歲的男人連八下單槓都做不了，更甭說是五十下吧。

海豹二話不說，只是拿出他的小本子往上面寫字。

我的肌肉已經酸痛到不行，在勉強掙扎了。拉單槓不是我的強項，更何況三天前拉單槓留下的酸痛尚未恢復。

海豹說：「好，現在開始吧。」

「什麼？」

我們到跑步機那兒。海豹給我兩個二十磅的啞鈴並設定控制板。坡度：八。速度：四．○。他按下開關，我跑了八分鐘，感覺像是提著好幾個行李箱在一個不大不小的山坡上快走。之後每一分鐘，海豹把坡度的設定增加一。到坡度十的時候，感覺像拖著兩台露營車走上陡坡；到十五時我是拖著兩輛多功能休旅車爬山。跑完的時候，肩胛骨的感覺像著火了，兩條大腿像被千斤頂頂起，肺部擴張到胸腔好像快要爆了。

海豹拿出他的小本子，如實記載。

事實上，我跟他要說用黑體字這麼寫：淒慘。

我們走到跳箱那裡。箱子有二十四吋（六十公分）高。他幫我計時，看我跳完五十下要多少時間，結果是一分五十七秒。

海豹拿出小日誌如實記載。

然後再去外面跑六英里，花了我一小時。我實在是有夠慘，慘兮兮地慘。

海豹拿出小日誌如實記載。

驚人的是，海豹不但幾乎每一項運動都和我一起做，還加碼做他自己的鍛鍊。這些讓我招架不住的鍛鍊好像根本無法滿足他，我的鍛鍊好像只是他暖身的開合跳罷了。

相處不過才幾天而已，我還沒看過海豹舉重，但這傢伙老是在做伏地挺身。伏地挺身好像是他的嗜好，或者該說更像是他的工作。更貼切地說，是他的嗜好和工作。我只要走進廚房就會看到他在房間裡或走廊做伏地挺身。他會擺出伏地挺身姿勢上上下下的，而且有時候好端端地就會突然趴到地上做個二十下。在工作中、在客廳、在廁所裡，隨時隨地都可以做。這傢伙怪怪的。

就拿今天來說吧。門衛來送幾件包裹，海豹開門請他進來。門衛一面把包裹放在牆角，一面試圖和海豹搭話。

「你好嗎？」門衛問。

海豹沒有回答，也沒有和他正常交談，就只是趴到地面開始快速做伏地挺身。

「嘿，大哥，把那些東西靠牆放就好。感謝。」他一邊說一邊上下……上下……上下。

> 訓練合計：跑六英里，十五分鐘跑步機測驗，五十下跳箱，拉三十六下單槓，一百下伏地挺身。

紐約市

-6.6°C

08：00

第5天
逃出曼哈頓

不一定要有趣，但一定要有效。——海豹

我坐在沙發上看《紐約郵報》。門開了，是海豹，他出去買東西回來。

「這真是太屌了。」

海豹拿著一個五十磅重的迷彩背包和四支槳。

「那是要幹嘛用的？」我放下報紙，在沙發上坐正了些。

「這是你逃出曼哈頓用的工具。」他說：「這個包裡有一個充氣筏，最大載重量是四百五十磅（約兩百零五公斤）。拉一下這條繩索就可以立即充氣。」他給我看那條繩索。「你、莎拉、還有拉澤都可以舒舒服服地坐在裡面，一路划到澤西。」

「太厲害了！」

「我跟你說，這個東西超優，」他說：「它很貼近水面，而且它還有一個可接式馬達。如果你逃跑的時間安排得當，就可以神不知鬼不覺地溜走。噗！」

這是海豹到這裡之後，我看到他最High的一次。

「可是我們幹嘛要逃？」我問。

「萬一又發生九一一之類的事情，這裡唯一的出路就是——河流。市政府到時候會關閉所有橋梁和隧道、關口。不然你打算怎麼離開？你有什麼計畫？」

「計畫？我沒有計畫啊。」

我的逃生工具

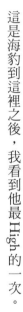

「那你現在有了。你會划啊划啊划著你的船離開這裡。」

聽起來有點道理。

海豹和我正讚嘆那個五十磅重的背包和那四支槳時，莎拉從大門口走進來。

老婆低頭看那個背包，再抬頭看我們，有一點在狀況外。

「老婆，海豹幫我們找了一個可以變成充氣筏的背包，以防我們有逃離這個城市的需要。」我說。

「充氣式救生筏？我們是住在曼哈頓三十七層樓的公寓裡耶。」

「是啊，海豹說發生緊急狀況時橋梁隧道都會關閉。這是預定計畫。救生筏是唯一能離開的工具。我們只要把它放到哈德遜河上充氣，然後划到新澤西州就行了。」

「好啊，親愛的。」她把郵件放在廚房流理檯上。

「就這樣？只有『好啊，親愛的』？妳沒有什麼想法嗎？」

「哦，我明白了。你是指望我到時候一手抓著兒子，再把五十磅重的背包扛在肩膀上，拿著四支槳，走一英里到河邊，然後把這個救生筏充氣，再划到新澤西州……在發生國家緊急狀況的時候嗎？」

房間裡一片安靜。

然後……一片死寂。

莎拉打破沈默說：「我連扛不扛得動這個東西都還是問題。」

「妳一定可以。」海豹說著，一把抓住背包放在莎拉的背上。

她直直往後倒下。

我心想，她說得有道理。

最後海豹說話了。看得出來他快要抓狂了。他先前一直忍住不開口，現在終於忍不住了。「莎拉，**絕對不要低估腎上腺素的威力。**」他說。

於是，我們把背包束之高閣。

四小時後……

「來吧，我們練一百下。」

海豹說明了這個程序，於是我明白他的算術需要人幫忙才好……其實是要做五百下。

我們搭電梯到樓下的健身房，裡面已經有三個人在練健身。健身房雖然是全面開放，而且有很多器材，但是很少會同時有很多人在裡面健身。

有一個金髮的傢伙好像在做一系列的核心訓練。

海豹看著那個傢伙，再回頭看我。

「比利．艾鐸[1]他媽的來這裡幹嘛？」海豹問。

「那是史汀，」我小聲說：「他住在這幢大樓裡。」

我們做了一百下啞鈴臥推（兩組），中間不休息。我從三十磅重的啞鈴開始做，但以二十磅重的啞鈴結束。合計：兩百下。

一百下滑輪下拉（兩組）。七十五磅。合計：兩百下。

一百下肩上推舉（坐著）。合計：一百下。

我說過，是五百下，不是一百下。

加碼練習：兩組輕鬆的三頭肌下拉和兩組彎舉。

結束後，我們往健身房外走。

「唔，那看起來不怎麼好玩。」史汀說。

19：00

星期六晚上，我認識的人大都會看大學橄欖球賽。可是我們沒有看，因為顯然海豹有了個新朋友——是他昨天在健身房認識的。想必他們已經變成麻吉了吧，因為那個人把一件五十磅（二十三公斤）重的負重背心借給海豹，而海豹又把它拿給我。

「穿上。」

我拿起來，一次穿過一隻手臂，然後把背心拋上肩膀，繫上繩子。我的直覺反應是：**真重啊**。意思就是很重，簡直就像背上扛了一個大箱子。

我們做了十五組伏地挺身，每組十下，兩組之間休息三十秒。

---

1 Billy Idol，英國歌手。

合計：一百五十下。

我花了二十二分鐘。

海豹花十五分鐘。

「不容易。」海豹說。

的確不容易，而且是累到連海豹也無法連續做十組，他做完第六組時膝蓋也著地了，可是他不停地說：「真是好。」

才不好，這是會累死人的。

我發現海豹有一次參加一項賽跑，比賽可以選擇跑二十四小時或四十八小時。驚人的是：海豹報名跑四十八小時。他跑到標示「二十三小時」處時，跑了大約一百三十英里（約二百○九公里），可是他的大腿套破了。他問主辦單位能不能在跑到二十四小時的時候暫停計時，但是他們說不能，於是他說：「收到。」然後要了一捲膠帶，綁住他的大腿套，後面二十四個小時就用這個破掉的大腿套（一跛一跛），完成全部四十八小時的賽程。

「當你認為自己力氣用盡的時候，其實你才用了身體四成的能耐。那只是我們給自己的極限罷了。」

訓練合計：五百下鍛鍊（啞鈴臥推、滑輪下拉、肩上推舉）和一百五十次伏地挺身。

令人無法信任的清潔女工

我不需要交新朋友。我只想保持身材精瘦緊實。——海豹

我有兩個清潔女工，一星期來家裡打掃兩次。她們完全不會說英文，我則是根本不會說西班牙文，所以我必須借助道具和圖表來溝通。如果我要她們吸塵，就會拿一本雜誌秀給他們看吸塵器的圖片；如果我要她們擦窗戶，就給她們看穩潔的圖片，然後指指窗戶。

我家經常備有一疊《美國周刊》，就是為了溝通用。我一直都是指著東西，再給他們看我需要她們做什麼事情的圖片，有點像是手語加上猜謎遊戲，有時候挺有挑戰性的。

可是海豹走進她們的世界之後，我完全沒有辦法向她們解釋他是何許人。

我的意思是說，我該怎麼做？給他們看一張羅素．克洛在《神鬼戰士》裡的照片？還是史特龍在《藍波》裡的照片？不過我後來知道，有些事情是不需要溝通的。這兩個婦人立即對他著迷不已。我的意思是說，海豹是個俊男。這一點我有沒有說過？而且他時常在家裡光著上身四處走動。時常！老實說，我也開始發現莎拉的朋友們最近常常無緣無故上門，大概她們就只為了要看海豹吧。

自從他住進來以後，清潔女工都會多花一、兩個小時打掃，她們也會在他的房間裡待很久，儘管這傢伙的房間一塵不染。他的房間根本不需要打掃——從來不用！他的棉被摺得方方正正，把銅板丟在上面都會彈起來，而且他的東西都收得好好的。我的意思是說，他的臥房看起來就像是新兵訓練營。可是只要海豹在，那兩個清潔工總是待在他的房間裡，用西班牙語彼此交談，然後吃吃地笑。

不過，海豹根本都沒跟她們打過招呼。他也不算是對她們不禮貌，但比較算是沈默評估中——因為他不信任她們。

昨天他訂的東西快遞送到我家，一個清潔女工簽收了包裹，讓他大為抓狂。但不是對她們，而是針對我。

「這是安全漏洞。」他說。

安全漏洞？

「送貨的完整性被破壞了。」

他繼續就為我工作的人沒有聽命行事而我卻天真以對的態度進行訓話。他說的唯一重點就是應該炒他們魷魚。海豹認為為在伊茨勒家做事的人不夠用心或是沒有克盡其責。除了莎拉、拉澤和我以外，他對他接觸的每一個人都抱著惱火或懷疑的態度。據海豹說，我的司機史密斯若是遲到一分鐘，就表示他沒有正確地研究路線。就算遇到塞車，也應該是在史密斯預期之內才對。

現在回想起來，我不敢確定海豹的說法不對。他受到的教導是，要做一件工作就要付出百分之一百二十的努力。但是我一向認為幫我做事的人付出八成的努力就夠了。海豹教我的是，我們可以做到更多。

紐約市

-1.6°C

04：00

第6天 那根要命的手指頭

事情真的沒那麼複雜。——海豹

清晨四點，我聽到客廳有乒乒乓乓和喃喃的說話聲。乒乒乓乓……喃喃說話聲……乒乒乓乓……喃喃說話聲。我雖然半夢半醒，但還是決定去看個究竟。

我走到客廳，看到海豹正拿著遙控器坐在沙發上。唔，說「拿著」並不正確。他是拿著遙控器敲沙發的扶手，看是不是能把電視打開。

「這個鬼東西，」他喃喃自語：「太複雜了。按鍵太多，他媽的要把我給搞瘋掉。」

海豹一副快要氣炸的樣子，眉毛高聳，隨時準備發動攻擊……之類的樣子。現在，他就在攻擊遙控器。既然我是最靠近他的人，自然提心吊膽。

於是我立刻拿起遙控器按下電源開關，轉到有線1，再轉到ESPN，然後把遙控器交給海豹。

「現在只要按頻道和音量鈕就好。你也不需要關電視，我早上再關就好。」

在看足球集錦時，海豹的眉毛扭回正常狀態。

我回床上睡覺。

06：00

我聽到臥室的門慢慢打開。這還真是說不上來是什麼感覺，因為老婆睡在我旁邊，但我卻感覺到房間裡有別人跟我們在一起。我覺得有人在輕輕拍我。

我半睜開眼睛，以為看到一根黑黑長長的手指頭在我的肩膀上。我翻了個身，老婆睡得很香。再說了，我覺得我看到的這根手指頭也不太像是她的。

我不理會那根手指。這肯定是在做夢。

十秒鐘後，我再度感覺有人輕拍我的肩膀。我希望是我老婆，只是這根手指頭不是她的。那根手指頭一直在拍我。而另一隻手裡拿的，是遙控器。

我再度不予理會。

二十秒後，我感覺有單調的聲音對著我的耳朵低語並呼出熱氣。我猜是故意在走

中央公園06：00

道製造聲響的那招沒有奏效吧。

「起床，你這個王八蛋。」海豹說。

我起床。動作迅速確實。

莎拉在我旁邊依然動也不動，毫無所覺。

海豹告訴我今天早上要在中央公園再跑六英里，這會是我們最後一個「初級訓練」，然後就要開始正式訓練了。

開始？我還以為我們好幾天前就開始了。

我走進客廳關掉電視。

中央公園是我們進行大部分訓練的地方。公園大道是位於曼哈頓中心的環狀路。早在一九七〇年代安排比賽路線穿過五個自治區之前，紐約市馬拉松賽便是在中央公園舉行，與賽者就繞著這個環狀道路連續跑四次以上。

我搬到曼哈頓之後，沿著這條路道跑過不下數百次，因為小山丘有起伏的地形、清晨這個時候車子少（這一點可能令海豹失望了），還有其他跑者和自行車騎士可以互動，所以是非常理想的訓練場地。

今天有風，很冷，不過開跑之後就不覺得了。

我們呼出白霧。從海豹口中吐出的也只有這個。他沒有發出半點聲音，跑起來有如一艘潛水艇，靜悄悄，死寂。這個想法讓我想起在五年級聽過的一個放屁的笑話。

開始的三英里以一英里十分鐘的配速跑，接下來兩英里是八分鐘，最後一英里是七分鐘。

回到家時，兒子還在睡，老婆也一樣。她甚至不知道先前我躺在床上時有人用手指頭拍我的肩膀。

前兩天晨跑完回到家時，汗水浸濕了衣服。濕透透。我平常做的事很簡單，就是沖澡，拿一碗水果和幾根香蕉，然後上班去。

我在中午之前只吃水果。自從一九九二年看了哈維·戴蒙（Harvey Diamond）的暢銷書《200萬人都說有效的吃不胖飲食》（Fit For Life）之後，便一直奉行這個做法。二十五年來，中午以前只吃水果。

哈維是另一個我打電話上門毛遂自薦要和他交朋友的「有趣人士」。他的故事十分精彩。哈維在越戰期間接觸到橘劑。橘劑可能是由人類合成的物質中毒性最強的分子，被認為與各種癌症、淋巴瘤以及多種慢性疾病有關。

就我所知，哈維是唯一接觸到這種致命性化學劑而仍倖存的美國士兵，他將之歸功於一種稱為「自然衛生」的人生觀和生活方式，並在書中說明詳細內容。這本書我看了三次，之後便徹底改變生活方式。

於是有一天我決定打電話給哈維自我介紹，如同對海豹做的那樣。我查到他的電話號碼，便拿起話筒打電話給他。他在「願意」和我做朋友那一欄打勾，之後我們便結為莫逆之交。

他是我生活中另一個我老婆能忍受的人。我們每一次聊天他都以「老弟，午餐以前只吃水果就好」做結束。他這本書蘊含的一個主要觀念就是，我們花費在需要消化的能量，比人體其他所有功能加起來都還多，這就是為什麼一般人在大吃一頓之後通常會覺得累的緣故。儘管如此，通常美國人在一生中會吃掉七十噸重的食物。想想看，人體要處理和分解那些所有的食物是多麼的辛苦。愈快速消化這些食物，以及加諸於消化過程的壓力愈小，就會有愈多精神做其他的事。

根據《吃不胖飲食》所說，水果是最理想的食物，因為除了甜而可口之外，還超容易消化。事實上，這是唯一能避開胃、直接在小腸裡消化的食物，不用消耗太多能量就可以釋放所有營養，讓你有力氣去做其他的事。只要空腹吃水果，就可以獲得莫大的好處。

哈維指出，在動物界就可以看到這個好處的證據。這個世界上最強壯的動物靠吃水果和植物就能夠茁壯成長，例如銀背大猩猩比人類壯三十倍，體格是人的三倍。牠們的DNA和人類的相似度高達百分之九十九，是僅次於黑猩猩之外和人類最接近的近親。牠們怎麼會長得這麼強壯？喔對了，牠們吃的主要都是水果和樹葉。

銀背大猩猩不吃火雞三明治、洋芋片、麥當勞。我覺得言之有理。

一九九二年看了這本書之後，我便決定親自嘗試這個觀念，連續十天虔誠地堅持每天中午以前只吃水果的飲食方式。中午之後我通常也吃得很清淡——不吃油炸食物、不吃奶製品、不吃肉，也從不動搖早上只吃水果的信念。我早上充滿莫大的能量，而且具有非常「有效率」的消化力。我感覺非常好，所以從十天試驗期變成二十多年來持續保持這個習慣，不論早上是不是要跑全馬，我都堅持這個飲食方式。中午以前只吃水果！

13：00

早上到辦公室四十五分鐘後，海豹來了。

他到的時候，我正坐在電腦前，已經上網跟喬西餐廳點了一盤鮭魚和一些素餃。等他秤過這些食物的重量後，我立刻像摔跤選手似地大吃。午餐後約一小時，「解渴」的行銷小組提出一些新包裝建議，我們正在評估。海豹就坐在辦公室的椅子上，動也不動。這個意思是，在他毫無徵兆猛地從椅子上起身之前，他一直維持雕像般的姿勢。

「該做巴比跳測驗了，媽的。」

「嗄，你說什麼？」

「巴比跳測驗，媽的。我為什麼得說好幾次？」

「我只是沒聽懂你說的話。」

「大哥，你知道他媽的巴比跳是啥，對吧？」他不是真的在問我，而是在告訴我。

「對啊，我知道巴比跳是什麼。」

「你也知道他媽的測驗是啥，對吧？」

「對，我知道測驗是什麼。」

「那麼，媽的，這就是巴比跳測驗。」

海豹告訴我他要計時看我做完一百次巴比跳要多久。「這是體適能測驗。」他說，並且強調這些巴比跳還包括了伏地挺身在內。他解釋能在十分鐘之內做完就是強，十一分鐘以內可以接受，十三分鐘則無法接受。

「事實上，要是你沒有在十三分鐘內做完，我們就要再做一次。」他說。

唉，我做巴比跳不太行，而且覺得做一趟十五次實在很痛苦。

海豹摘下手錶，按下開始鍵。

嗶！

「等一下，我得換件衣服。」

「碼錶已經開始跑了，靠。」

我立馬降到地上做平板式，伏地挺身，把膝蓋抬到胸部，再跳到開合跳。一次。

我在五十五秒內做了十次，一步一步接近目標。問題是，我已經開始流汗，而且我穿的是西裝，而我穿著西裝是因為……我正在上班。再說，我今天要開會，看起來總得像樣點。我可不想讓衣服濕濕的。

因此，我用掉或浪費了（隨便你要怎麼看囉）寶貴的十秒鐘脫掉襯衫，再脫掉鞋襪，最後是我的長褲，現在只穿著四角褲在辦公室裡。十一、十二、十三……我繼續做。

碼錶在跑，我到五分三十秒時做到五十次，速度慢下來了，但我還在穩穩朝「可接受」的程度邁進。我可以感覺到臉上的汗水以及後背滾落的汗水。

辦公室的門打開。

可是在這個金髮女子快速走出去之前，我只看得到她的後腦勺。是珍妮佛．齊許，我辦公室的得力助手。我還沒來得及開口解釋，她便已掉頭離開。我想大叫說「是在做巴比跳測驗，哇靠」，可是她身後的門已經關上。不知道她是怎麼想的。

我繼續做我的。

做到六十下時，我開始把剩下的四十次巴比跳分解成一組十次。十次巴比跳，然後休息十到十五秒。

十一分鐘四十五秒，大功告成。

我拿起剛好在手上的T恤擦汗。我全身都濕透了，差不多二十分鐘之後才不再出汗，兩隻大腿感覺好像骨折了一樣。我把那件濕透的T恤丟進辦公桌旁的垃圾桶，穿回我的西裝。

我很快回到電腦前看著包裝的顏色選項，兩條腿在辦公桌下抖啊抖的。工作繼續，一絲笑容出現在我臉上，因為這時我心想，巴比跳測驗，靠！

之後我還連續工作九小時！

22：00

晚上十點我下班和海豹一起走路回家。這一天可真夠長的，我們和設計部的人針對「解渴」工作了一整天，我已經筋疲力盡。我們雖然能對新包裝提出一些想法，但是我們的任務主要是要讓這個品牌造成流行，所以我每一天都在問自己：要如何讓產品具有話題性，引起轟動？可是今天為了行銷想法已經耗費我很大的心神，現在我只想打開電視。或許看一下尼克隊第四節的比賽，什麼都不做就只是放鬆。我躺在沙發上找遙控器。海豹跟我在辦公室耗了一整天，目睹這一天有多麼緊繃。我今天唯一真正獨處的時間就是在浴室的時候，那可能是我一天當中最舒服的五分鐘。我累斃了，所以只要他不提練身，我就不吭氣，何況今天已經跑了六英里，又做了一百次巴比跳。我抓起遙控器打開電視。

海豹沒有怎麼看電視，我覺得他好像只是在看我看電視，那感覺非常不舒服，讓我不想看電視了。

「你是尼克隊的粉絲？」他問。

「一直都是。」我說。

「你去現場看過比賽嗎？」

「有啊，」我說。多年來我都是買季票。「我還幫他們寫過隊歌哩。」

「歌曲？」

「饒舌歌，像頌歌一樣的主題曲。」我說，然後唱了一點點：「紐約加油，紐約加油，加油……你聽過沒有？」

「就這樣？」

「就怎樣？」

「整首歌就這樣？」

「不只，這只是副歌的部分，有一整首歌詞，然後再重覆合唱，你知道的吧？」

「聽起來沒那麼複雜。」

「我也不知道是複雜還是簡單，不過我知道這首歌發揮到作用就是了。」我回答。

我一九九三年寫〈加油紐約加油〉這首歌時二十三歲，當時是唱片歌手，簽給一家叫作「可口唱片」的獨立小唱片公司。我想方設法說服尼克隊的高層他們需要一首新的隊歌，而且只要用對方法，還能使導演史派克．李（Spike Lee）以及其他名流都在這首歌的影片裡入鏡。他們讓我放手一試，於是〈加油紐約加油〉就成為尼克隊的隊歌，並且高居一九九三到一九九四年NBA季後賽期間紐約市廣播電台點播率排行榜冠軍。歌詞獲得百威啤酒（Budweiser）、體育用品零售商富樂客（Foot Locker）以及其他大品牌同意使用。我感覺自己終於成名，成為大牌。

呃，也不是真正的大牌啦。尼克隊付我四千美元寫歌，我付了錄音室、工程師、製片和樂師之後，淨賺大概三百美元，而三百美元的身價實在稱不上什麼大牌。可是對我而言已經是了。我這輩子締造的成功都不是在追逐錢財時，而是出於熱誠做事時。就音樂而言，我從來不是為了賺錢而做。

可是我並不是某天醒來後才說我想為紐約尼克隊寫一首嘻哈隊歌和灌唱片。這一切是從更早就開始了。

我從美國大學畢業後的A計畫就是拿到一紙唱片合約，然後上MTV台。就這樣。沒有B計畫。我沒有想要賺多少錢的目標，只是一心想上MTV台。

簽唱片合約可能是一件難上加難的事。不但找對人洽談的機率非常低，簽約的機率——更是微乎其微。假使沒有一個給力的律師或是人脈的話，這個微乎其微的機率就會變得——更加渺茫。而這兩個條件我一個都沒有。

一九八八年，一個叫作《Yo！MTV饒舌》的MTV節目登場。這個節目就像是說唱音樂電視（rap TV）的傑基・羅賓森[1]——打破了各色各樣的障礙，把饒舌注入主流音樂文化。然而在一九九〇年之前，艾斯・庫巴（Ice Cube）手上受歡迎的白人嘻哈歌手屈指可數。野獸男孩（Beastie Boys）和第三低音（3rd Bass）在排行榜上並列榜首。我也許是天真，也許是純粹的決心，也或者二者兼有之吧，所以儘管困難重重，我知道自己要做什麼。我就是要上《Yo！MTV饒舌》節目。

我在畢業典禮上演奏艾爾加的〈威風凜凜進行曲〉之後，接到一個兄弟會員打來的電話，他搬到洛杉磯，擔任電影《走夜路的男人》的製作助理。他住在加州，邀請我去洛杉磯看看電影的布景（嗯……還有那裡的女孩子）。

我從來沒去過加州，所以就搭機飛到西岸。

當時有一家叫作可口唱片的新獨立唱片公司就位於日落大道。這家公司有超級嘻哈的錄音裝備，旗下有兩個最流行音樂廣播電台最紅的歌手，唐洛克（Tone-Loc）和楊．MC（Young MC）。唐洛克的〈Wild Thing〉銷售量全美第一，Young MC的〈激情熱舞〉（Bust a Move）則在排行榜上爆表。要是我可以自己作詞，這裡會是我最理想的唱片公司。有趣，不凡，成功，特殊。我非得見到那些老闆才行。

可口的負責人叫作麥克．羅斯。在音樂的業務方面，創編和行銷歌曲的作業通常是這樣的：唱片公司簽下歌手。簽約之後，歌手會有一個指定的製作人，雙方以後就一直合作創編與錄製歌曲（例如麥可．傑克森的唱片就一直由昆西．瓊斯製作），或者唱片公司外聘一個製作人與歌手合作。當然，這個意思是說除非歌手自

1 Jackie Robinson，美國大聯盟史上首位非裔美國人球員。

己一手包辦。麥克・羅斯是極少數唱片公司老闆身兼製作人的。他和他的合夥人麥特・戴克是業界動能最強的饒舌歌製作人。

我看過報導，麥克是出身於布魯克林的饒舌歌手達納・丹恩（Dana Dane）的大粉絲。大粉絲啊。後來我發現，達納・丹恩在嘻哈歌曲製作人赫比「甜心蟲蟲」阿索爾（Hurby "Luv Bug" Azor）的錄音室灌唱片，有一天晚上我在錄音室看到達納新唱片的樣片放在混音器上，便決定趁無人注意之際把它「借」回家——反正也無傷。這是他的第二張唱片，在音樂圈裡備受期待。我把卡帶帶到洛杉磯。除了達納內部的小團體之外，還沒有人聽過這個卡帶。

在洛杉磯待了兩天後，我決定毛遂自薦打電話給可口唱片公司的麥克・羅斯。「有何不可？」我心想。我若要投籃，乾脆就投一個三分球。我從電話簿裡找到他辦公室的電話，便打到總機。我唯一的計畫就是見麥克一面。

「可口唱片公司，請問找哪位？」接線生說。

「請接麥克・羅斯。」

「好的，請稍等。」

四十五秒之後……

「我是麥克・羅斯的助理，我叫黛娜。請問有什麼事嗎？」

「請接麥克。」

「麥克現在不在辦公室。請問您是哪位？」

「傑西。」

「您貴姓？」

「就是傑西，我是達納・丹恩的朋友。達納要我到洛杉磯時把他的新卡帶拿給麥克。我明天就要走了。他說很急，麥克知道的。」

「請稍等。」

我用手遮住話，低聲跟朋友瓊恩說。「他要我等一下。」

也許是我濃厚的長島腔使她一時脫離了加州的氛圍，也或許是老天爺有意要我走進那扇門，總之三十秒後她回到線上：「請問您是達納・丹恩嗎？」

顯然我長得並不像達納（他是非裔美國人而我是白人……他有一顆金門牙而我沒

有……等等），當下也完全可以澄清這個誤會，可是……一隻腳已經跨進去了，沒有道理再收回來。所以，我毫不遲疑地說……

「是的！我就是達納。」

「好的，請稍等。」

一分鐘後……

「達納，麥克很高興能跟你見面。你今天下午兩點左右能到辦公室來嗎？」

「可以的，我會到。」

遊戲開始了，靠！

兩點整，我到了可口唱片的辦公室。當時我二十一歲，步上樓梯走到二樓，那裡有對講機可以告訴對方你已經到了。我按下按鈕，一個十分性感的接待員聲音從對講機傳來：「哪位？」

「喔，我是達納．丹恩，要見麥克．羅斯。」我說。

十秒鐘後……

嗶……

我進去了！

麥克．羅斯的助理把我帶進他的辦公室，讓我坐在麥克那張超大的辦公桌正對面的椅子上。「麥克五分鐘後就會過來，達納。」她端水給我時這麼告訴我。

她走出去並關上門，然後我就在那裡，一個人……坐在麥克那間又大又冷而且沒有開燈的辦公室裡。牆壁上掛著很多張金唱片，不同的唱片封面、照片，還有很讚的塗鴉。他的桌上點著廣藿香蠟燭。這間辦公室實在是很不得了。我開始看掛在牆上的唐洛克白金唱片，也看了一些放在麥克辦公桌上的獎座。然後門打開，麥克．羅斯出現了，帶著一臉的迷惑。

「你是誰？」他說。

「你好嗎，麥克？我是傑西，我是達納的同事，他會晚到一點。」

「晚一點到？」

「對，他可能會晚二十分鐘到。」

「你怎麼認識達納的？」

（我從沒見過達納。）

「我跟他在同一間錄音室錄音。我的製作人也在他的製作小組，叫作『偶像製造機』，我幫他做過幾首歌。」

「你唱歌？」

「不是，我其實是做饒舌。」

「你唱饒舌？跟達納？」

我想我還是讓他誤會下去好了，因為到目前為止這招已經奏效……

「是啊，唔，不是直接跟他一起，我是簽給維京唱片的一票人之一，可是達納認為我應該錄一張個人專輯。」

「維京？你有沒有帶歌來？」

「有啊！有帶。我們可以邊等他，邊放一下這個卡帶嗎？」

「當然可以。」

我把我三首歌的試唱帶交給麥克，〈女大生〉是第一首。

不管我去哪裡，都會有正妹自動上門，
從東岸到西岸的女大生都超豪放的。

他聽了三十秒之後按停。

「這首歌他媽太棒了。」

「大哥，謝啦，我覺得這首歌會紅！」

「你的律師是誰？」

「你說什麼？」

「你的律師是誰？」他再問一次。

就這樣——就這樣！！！——在吃了兩年閉門羹後，他問了我每一個拿試唱帶投石問路的歌手都想聽到這六個神奇的字：「你的律師是誰？」事實上，他還問了我兩次！

我沒有律師，也不認識半個律師，所以就告訴他：「喔，是我爸爸。」

「你爸爸是娛樂圈的律師？」

當時我爸爸開的是水電行，但這是浮出我腦海的第一個答案（我是那種「先搞定敲門磚，其他再說的人」），所以便先肯定地回了一聲「對」。「對……我爸爸負責我所有事情。」

「我會讓我的律師聯絡你爸爸，我要幫洛克買這首歌。」

「太好了，要是洛克唱這首歌……」這時我停下來。洛克？這時我明白這首歌是我談成合約的敲門磚。當然，我可以把這個敲門磚賣給唐洛克。〈Wild Thing〉當時的銷售量有三百萬張，可是這首歌是我這個試唱帶的主打歌，所以我說：「其實我真心認為這首歌會大紅，所以我要把這首歌留給自己，要出現在我的專輯裡。」

「那也無可厚非。那麼，你願意幫洛克寫歌嗎？」

於是我的音樂生涯正式展開。

麥克要我幫唐洛克寫四首歌，並提供我寫歌的樂器，然後把我送回朋友的公寓。兩小時後，我打電話到他的諾基亞手機，奉上所有的歌。他當時正在看道奇隊的比賽，在喧囂的球場上聽不太清楚我說的話，可是傳到他耳中的已足以讓他在比賽結束後回辦公室見我。我不但寫下幫唐洛克寫歌的合約，也當場簽下一紙發行自己專輯的合約。（達納後來和我結為好友，而此事迄今仍是我們之間的笑談）謝了，達納！

也許我音樂生涯最棒的地方就在於我的唱片銷量沒那麼好吧。我老婆喜歡說：「失敗只是人生推你一把，讓你知道自己偏離了方向。」是的，我上了MTV，也舉行全國巡迴演唱，但銷售不佳，所以我決定「改變自己」，尋找做音樂的其他機會，而幫運動隊伍寫隊歌看起來是一個很好的轉機。我喜歡音樂，喜歡運動，而且這件事沒有人在做。於是就有了〈加油紐約加油〉。我開啟了一個利基……就是運動音樂。

這裡想必有回音，因為我一直聽到海豹在說「好像也沒那麼複雜」。海豹會很多東西，但他不是樂評人，所以我沒有跟他爭辯，我張口說出的是：

「你說的沒錯，確實沒那麼複雜。其實挺簡單的。」

「就是說嘛，挺簡單的。」他說。

我開始轉台，但還來不及找到轉播尼克隊比賽的頻道，海豹就提議我們出去聊聊，同時再練身一次。已經是晚上十點四十五分，好的一面是這是他第一次徵詢我的意見。倒不是說我希望他這麼做，只不過有來有往的時候比較容易了解對方。老婆大人就喜歡提醒我：「我跟你說話的時候……請你跟我像打網球一樣，把球打回來。這就叫作『溝通』，這對婚姻是很重要的。」雖然我並沒有想要跟海豹結婚，但老婆說得在理。

我們練的基本上跟早上一樣，繞著中央公園跑一圈，不過今天晚上又加碼一點：每跑半英里就做二十五下伏地挺身。另一個差別是海豹要加快配速，也就是每英里的跑速必須比上一英里稍快一些。

我們從每英里九分鐘開始，跑四分三十秒後，就趴倒做二十五下伏地挺身，接著再加速到每英里跑八分五十秒，跑四分二十五秒後再趴倒做二十五下伏地挺身，就這麼持續到以八分十秒跑完最後一英里。

每一次臥倒做伏地挺身時，血液就衝上腦袋，讓我有點頭暈，呼吸喘到做伏地挺身時差一點喘不過氣來（而且外面冷得要命）。海豹做伏地挺身的樣子就像由程式設定的機器人，起，落，起，落，起，落。他做完二十五下，起身準備繼續跑下去時，我大概才做了九下，而且屢試不爽，毫無例外。

訓練合計：跑十二英里（六英里「逐步加速」的跑速）。三百下伏地挺身和一百次巴比跳。

紐約市到亞特蘭大

2-24°C

05：30

第7天

跑步＋穿濕衣做伏地挺身

累不死人的，就別做。——海豹

「你跑步太沒有變化了。」海豹面無表情地瞪著我說。

「沒有變化？」

「對……沒有變化，你的兩條腿知道接下來會怎樣。跑起來他媽的太輕鬆了。你的身體已經習慣你慢跑的壞習慣。準備好五分鐘後跟我會合，我們做間歇訓練。」

我穿上全套裝備，拿了一雙全新的New Balance跑鞋。New Balance我穿了二十年，我只穿這個鞋跑步。一旦鞋底磨得差不多了（但還沒有完全磨平），就會換一雙新鞋。我看到報導說運動鞋有適當的彈性，可使雙腿跑步時承受的衝擊減至最小，如此就可以降低受傷的機率。不知道這個說法是不是真的，還是運動鞋廠商編出來的，反正我全盤相信了。不論如何，New Balance就是我的規律之一。

五分鐘後，我們在去中央公園跑七英里的路上。第一英里用十分鐘的配速暖身，然後每跑完一英里就全速跑四分之一英里，衝刺完之後再減速到每英里十分鐘的速度。

海豹在那些四分之一英里給我的壓力，大到我都可以感覺到頸部的脈膊重重地跳動，光是計算脖子怦怦的跳動就可以量出我的脈膊了。

跑完之後我氣喘如牛，不過我擔心的並不是心肺。

「大哥，我的兩條腿不行了，感覺就像是小腿裡有一把刀。」我訴苦說：「我好像隨時可能抽筋。」我抓著腿，兩腿僵硬地走著，走路時腿就像影集《怪胎一族》裡的赫曼．蒙斯特那樣直。

「好極了，」海豹說：「鍛鍊時只有一個原則：累不死人的，就別做。」

我的新跑鞋有可能裂開了，因為感覺右腳的大姆趾出現一個水泡。腳趾頭會痛，但是這個疼痛被小腿的痛蓋過去了。水泡就像是餐桌上不受注意的老二，根本無法參與談話。我沒去理會這個痛，但是我知道它在痛。海豹讓這些原本很嚴重的水泡變得沒什麼大不了。

這個疼痛的獎賞是回到家後做兩百七十五下伏地挺身。更慘的是，海豹還說要濕做。

「濕做？」

「濕做！」

「在伏地挺身來說這是什麼意思？」

他告訴我不要把汗濕的衣服換掉，就這麼穿著濕的衣服做伏地挺身。

「為什麼要穿濕衣服做伏地挺身？」

「因為我今天就是這麼下令的。這就是為什麼。我不鳥你怎麼做，但要你做完兩百七十五下。」

這傢伙頭腦有病吧。

我臥倒做第一組十下。跑完步後身體降溫，所以身體的熱度下降得很快，我開始覺得非常冷，就是那種會讓人發抖的冷。每次運動衫碰到我的皮膚，感覺就像濕的冰袋。我看著海豹，他的身體是溫的，微溫的。他就這麼下去、上來、下去、上來、下去、上來。五十下。下、上、下、上……六十下……這個混蛋是何方神聖，他到底是打哪兒來的啊？

我不太知道海豹的童年過得如何，但倒是知道他一直想進特種部隊。有一天我們閒坐時，他提到自己小時候常常扮演藍波。他玩藍波的方式和我不同（我是玩「玩具反斗城」的藍波公仔），他是真的扮演藍波。

海豹十五、六歲時，會在晚上十一點左右單槍匹馬深入樹林，假裝他是在幹掉敵人。他說做計時訓練時他會在那裡待好幾個小時。我發現這個故事聽起來很有意思，但也挺可怕的。

我不知道自己是什麼時候領悟的，但是在聽這個故事時，我充分理解到家裡現在真的住了一個海豹特種部隊，而且分分秒秒都是。這個傢伙會用我的廁所，會站在我的冰箱旁邊，會幫我開門，還睡在我家小孩隔壁的房間。他無所不在。我是說，理論上我知道有一個海豹特種部隊跟我住在同一個屋簷下，因為是我邀請他來的，但真實情況卻有一點令人難以招架。

事實上，我開始明白自己對海豹知之甚少。確切來說，我其實對他毫無了解。這有點像把你坐的計程車司機請回家跟你的家人同住，然後去哪兒都坐他的車，可是你對這個計程車司機卻毫無所知。

所以現在我想知道的是：萬一我說了他不喜歡的政治議題怎麼辦？萬一我說了什麼話惹他生氣怎麼辦？萬一我不小心惹到他，使他比現在更生氣怎麼辦？我是說，我在聘請我的第一助理之前便對她做過全面的背景調查，得知她出身一個我已經認識的良好家庭。可是海豹受的訓練是在接到消滅敵人的命令便執行命令，他現在跟我同住……而我事前什麼準備工作都沒有做。

好家在，這些念頭只是在我的腦海裡打轉而已。

我知道自己有點神經兮兮，可能根本沒什麼好擔心的。我的意思是說，沒有真的值得擔心的地方。可是，說真格的，我他媽的到底在想什麼？我根本連陌生人在我家待上幾分鐘都不喜歡，有線電視的人來我也很討厭，可是現在卻有一個受過訓練的捕獵機器在我身邊——不只在我身邊，還在我老婆和我兒子身邊。他就在我們身邊啊。

但願我能找個人談一談這件事。我想跟老婆說，但又不能這麼做，因為這樣會嚇到她。然後她就會說「你得把他趕走」之類的話。我知道我沒有辦法趕他走，請神容易送神難，他這樣的人怎麼會是你能趕得走的呢？「呃，不好意思，海豹先生，這個做法行不通，所以你拿好你的東西走人吧。」是不是?!

所以，我粉飾太平，跟老婆說這一類的話：「你知道，海豹是最好的人……」或是「真是匪夷所思，一個看起來這麼堅不可摧、這麼嚇人的人，竟然會這麼好。」我必須幫他膨風，可是我覺得莎拉已經開始看穿我的招數。謝天謝地，海豹是個無懈可擊的客人。他安靜、愛乾淨、有禮貌。謝天謝地他跟莎拉相處愉快。

七小時後……

我們下午一點半到達新澤西州的蒂特波羅機場，準備搭飛機到亞特蘭大，老婆的塑身褲公司Spanx總公司就在那裡。我們今天搭的是侯爵包機公司（Marquis Jet）的中型商務噴氣機Citation X，因為它的速度超快，而且相當寬敞。坐這種飛機可以節省很多飛行時間。

一九九〇年代末期，我和當時的合夥人肯尼．狄奇特搭乘的是私人飛機。從登機的那一刻起，我們就愛上了搭私人飛機的方便性，而且舒適愉快到極點。那次出完差回家後，我們再也不想搭乘一般的商業飛機。心想，如果我們想搭這種飛機的話，有同樣想法的人一定多得一場糊塗。我們認為，這種飛機一定有市場。

當時搭乘私人飛機有三個方式：一是自己買飛機，但是除非你是馬克．庫班[1]或是汶萊的蘇丹才有這個能耐；二是買一架飛機的一小部分，但是五年的承約費貴得可以；三是包一架飛機，但是這個過程有很多變動。這些選項無一對我們有太大的吸引力。就算我們開一家公司（我們已經開始考慮這麼做），這些選項對潛在客戶也不會有什麼吸引力。

我們想要開發對更大的市場，也就是對一年想搭幾次私人飛機的人來說，更切合實際的做法，所以便想出下面這個辦法：如果一年可以買二十五小時的時段搭私人飛機，你會怎麼做？這簡直就像是買星巴克卡或是預付禮金卡付飛機票。

當時私人航空公司NetJets在銷售部分飛機所有權方面舉足輕重。執行長是一個叫作理察．聖圖利的人，董事長叫作吉姆．雅各布。我們有成立侯爵包機公司的想法之後，便知道第一通電話應該打給雅各布。

在此之前兩、三年我還在音樂圈內，認識很多歌手，那時一個朋友打電話來要我幫忙。我其實不太記得他要我幫什麼忙，可能是他要做一筆生意，或者可能只是要討好什麼人，總之他問我能不能幫一個朋友的女兒弄到克莉絲汀（Christina Aguilera）在康乃狄克州的演唱會門票。我朋友知道我跟克莉絲汀的經理在一起，於是我打電話給那位經理，不但幫那個人和他的女兒弄到很好的位置，而且只要他女兒願意，還能上台做合音歌手（不過她的麥克風會被關掉就是了）。我的意思是說，對少女來說，這是一個改變命運的時刻。

第二天那個帶女兒去聽演唱會的人打電話給我說：「我雖然不認識你，但是我要告訴你，我欠你一個大人情。要是有我可以幫忙的地方……」

那個人就是吉姆．雅各布。

事隔一年，吉姆．雅各布現在可以幫上我的忙了。我打電話給他，他大概花了五分鐘才想起我是何許人：「再說一次你是哪位？」吉姆問。

「傑西。克莉絲汀演唱會，不但去後台而且還上了台的。」我說：「『瓶中精靈』

---

1 美國NBA達拉斯小牛隊的老闆。

伊茨勒？你說過我要是有什麼需要的話可以打電話給你。」這跟我拿到唱片合約是同樣的把戲，先把他搞得滿腦子漿糊。只要跟他說一堆話就行了。杜魯門說過：「如果不能說服對方，就混淆對方。」這是我本能使用的戰術，可以爭取時間。

「喔，對。」他說。

「我可以請你騰出三十分鐘給我嗎？」我說。

我們與吉姆．雅各布與理察．聖圖利約了一星期後會面。肯尼和我帶著我們準備成立私人飛機預付飛行時數公司的幻燈片和簡報，開車到他們位於新澤西州伍德伯里的總公司。我們當時並不是很確定這會是家什麼樣的公司，但是我們知道自己的構想很厲害。我們走進會議室時，吉姆和理察已經坐在那裡。兩人穿得西裝畢挺，我說的是義大利版型的西裝。會議進行約二十分鐘後，理察說：「我不可能讓兩個二十九歲的人使用我們五百架飛機的機隊。幸會了，二位。」

「我覺得我們需要一個新的構想。」步出那裡之後，我對肯尼說。這時我的電話鈴響起，是吉姆打來的。

我為浪費他的時間向他道歉，但他打斷我的話。

「太棒了！這個會議太棒了！」他說。

「太棒了？」

「是啊，理察從來不會聽任何人說上二十分鐘的話。我認為會議進行得很順利。這個構想太妙了！我覺得有發展性。你何不把簡介稍做調整，然後再來一次？我來看看是不是可以再幫你安排一次會議。」

這時的我認識很多運動員和藝人，肯尼則認識很多華爾街的人，我們認為一旦推出私人飛機預付二十五飛行小時的時間，他們會感興趣的。我們明白要用一點不同的路數才行，現在得做給聖圖利和雅各布看，而不是說給他們聽。於是我們集結自己的代表性客群。

一星期後，我們帶著紐約巨人隊的卡爾．班克斯、饒舌團體Run-DMC的成員、一位NBA球員的王牌經紀人、還有一位自己開公司、而且想要偶爾用飛機做娛樂休閒活動的華爾街成功人士，回到聖圖利的辦公室。我們的成員一個個輪流向理察說明他們為什麼絕對不買NetJets的部分飛機所有權，但是每年會砸個十萬或是二十萬美元買包機卡。他們討論何以需要逐年選擇飛行的彈性，並且談到為什麼他們或他們的客戶會買這種卡，以及如果一切順利的話，他們最後會如何漸漸採用NetJets已經在實行中的部分飛機所有權方案。

雖然聖圖利沒有立刻上鉤，但看得出來他已經在咬餌了。我們得再開三、四次會議甩出魚鉤，但是最後聖圖利說，如果我們願意自己掏錢嘗試這個我們稱之為「侯爵包機」的構想，他就會讓我們試試看。於是我們做了，而且一舉成功。超級成功。

莎拉和海豹在飛機上沒有怎麼交談——他住進我們家才七天，兩人並沒有真正的相處過，不過他們之間正在形成一種互相尊重和友誼。

莎拉在海豹旁邊的行為百分之百正常，就好像突然有一個海豹特種部隊每星期七天、每天二十四小時如影隨形地跟著我沒什麼好奇怪似的。她這種處之泰然的性格對我來說也不是什麼反常的事，因為我老婆有時候就是處於自己的世界裡。我是說，她聰明歸聰明，但也有秀斗的時候。我喜歡說她有一半是露西．鮑爾[2]一半是愛因斯坦。舉例來說，她以區區五千美元就創辦了一個非常成功的全球品牌，但是卻常常問我今天星期幾，而且是真的不知道。儘管如此，只要太陽升起時她睡足了七小時，而且一杯星巴克在手，人生就已經十分美好。

我的老婆叫做莎拉．布雷克利，是塑身衣Spanx的發明人。妳若是女人，可能就知道Spanx是什麼；但若你是男人，不妨這麼說吧，莎拉就像是女性內衣界的麥可．喬丹。

剛開始跟她交往時我還不明白，但是在親眼目睹對她這個品牌的熱愛之後，我就完全明白了。女人們瘋狂愛她的產品，而且老是有陌生人擁抱莎拉，當眾把她們身上的內在美亮給她看。真是有夠瘋狂的。

1 美國電視影集《我愛露西》的女主角。

關於莎拉的故事，我最喜歡的部分就是她從小到大一心想當律師，但苦於沒有通過法學院的入學考試——而且是兩次。於是畢業後沒有讀法學院，反而決定進軍迪士尼，嘗試當高飛狗……這不用想都知道。可是她到迪士尼應徵時，因為身高不夠高（身高最低標準是一百七十公分，莎拉是一百六十五公分），所以他們要她扮花栗鼠。

在迪士尼做了一段短暫的時間後，莎拉到一家叫丹卡的辦公室用品公司上班，挨家挨戶地銷售，賣出了六台傳真機——在七年內。有天晚上要去參加一個聚會時，因為她不喜歡臀部露出穿上白色褲襪的樣子，就拿了一把剪刀剪開褲襪的腳，以免露出內褲的線條，好讓衣服下面看起來平順一點。看啊，她的發明就這麼誕生了。

接下來兩年，莎拉晚上和周末在工作之餘發展她的新構想。她從存款中拿出五千美元成立了這家公司。因為她這輩子從未上過商業課程，所以全是憑著直覺和勇氣在經營。

莎拉沒有把所有的預算用在為產品申請專利上面，而是買了一本關於專利的書，在閱讀之後寫下她的專利權。她在包裝上運用大膽的顏色，使產品在貨架上吸引人注意，並且一天花十二小時在百貨公司促銷她的產品。結果成功了！

莎拉在亞特蘭大坐車時冒出Spanks的名稱。她知道柯達（Kodak）和可口可樂（Coca-Cola）是全世界認可度最高的品牌，而這兩個名稱都有一個給力的「k」音，想來這必然是好運之所在，但是在最後關頭把「ks」改為「x」，因為她看到書上說，用自造的字做商標會比實際的字更具有辨識度。

莎拉就在專利申請網站www.uspto.com上以一百五十美元為這家公司註冊了商標。時至今日，Spanx產品有一百五十多種，員工數百人，行銷全球。

我們這個有海豹加入的新家庭在亞特蘭大著陸後，開始收拾東西。不用說，我們待在亞特蘭大的時間會很多，因為Spanx的總公司就在這裡，只是我還沒有準備好捨棄紐約就是了。由於我們待在這裡的時間愈來愈長，所以正在裝修一幢新屋。房子離我們在亞特蘭大現有的房子正好兩英里遠，莎拉想去看一下工程的進展。

車子開進車道時，海豹告訴我，我們先跑過去再跑回來，莎拉則打趣說，她會開車過去再開車回來。我們很快換好衣服，出發跑向我們的新屋，要在那裡跟莎拉會合。

沿著有樹蔭的馬路，兩旁都是美麗的房子和大樹，跑起來悠然愉快。我們跑得不是很用力，我還一面想著今天過得真是愉快啊。然後，大約跑了一英里左右，我聽到一聲巨大的類似雷電爆裂聲。我不確定這個聲音是打那兒發出來，或者是什麼聲音，不過聽起來很危險而且距離很近。那一瞬間，我轉頭看海豹，他伸出雙臂朝我而來，宛如一隻老鷹。當時正好有一個女生在五呎遠處蹓狗，海豹臂展的兩側就是我們兩人，他推我們的時候幾乎是把我們整個人都舉起來了。這時我看到一大根樹枝從我們正上方大樹的二十五呎（七．六公尺）高處墜落，落地時發出砰然巨響，然後爆開。重點是這根直徑約有十八吋（四十五公分）的樹枝落到水泥地時碎裂成一小塊一小塊的。我們差點當場掛掉。

「走吧，跟上。」海豹說完便繼續跑。

我在接下來的跑步中對他肅然起敬。他好像知道那個樹枝會掉下來似的。他怎麼那麼快就反應過來是怎麼一回事，而且他怎麼知道那根樹枝是從哪裡冒出來的？這種事絕不是看看手冊就學得會的。

回到新家時，我還驚魂未定。

「跑得怎麼樣啊？」莎拉問。

我看著海豹，想說他會說樹枝的事，可是他卻只說：「挺好的。你老公有進步。」

挺好的？

他沒有提樹枝的事，好像樹枝掉下來差一點砸到他的腦袋是件稀鬆平常的事，沒啥大不了的，不值一提。

20：45

莎拉在看歐普拉脫口秀的重播，我則穿著睡衣，這時海豹到我房間來看我一下。

「你的腿感覺怎麼樣？」他問。

「很慘，酸痛緊繃。」

「很好。換短褲和運動鞋。」

「別吧。」我說。

「嘿，我是說真的。」

那是當天的第三趟跑步。我以前在訓練長跑或是想快速恢復身材時曾經一天跑兩趟，但一天三趟可是新境界，特別是這樣的密集，特別是到了我這個年紀，特別是在晚上八點四十五分的時候。

六英里路程跑到一英里半時，海豹首次開口講話。

「你還好嗎？」

「不好，我覺得不太舒服。」我邊說邊保持速度。

「去你的，」他愉快地說：「現在你開始明白什麼叫做訓練了，傑西。希望你喜歡。」他開始放聲大笑，不久就變成毫無保留地放聲大笑。「你看起來就像一坨滿出來的大便。」

回到家時，莎拉還在看歐普拉，好像我們根本不曾離開過。

訓練合計：跑十七英里，加上早上兩百七十五下伏地挺身。

亞特蘭大到紐約市

1 — -8°C

08：00

第8天

不准尿！

現在不是撒尿時間。現在是跑步時間。——海豹

我們從亞特蘭大搭上超早的紅眼班機，在泰特波羅機場降落。飛到泰特波羅只要大約一小時四十分鐘。因為我們住的地方離亞特蘭大的機場很近，所以從出家門到回到紐約的家差不多是快兩小時，時間不算長。

三十分鐘後……

海豹和我穿上運動服運動鞋去外面跑六英里。也許是搭飛機的關係，也或許只是水喝得不夠多，我在開跑前有一點點脫水的感覺。我幾乎是褐色的尿液證實了這一點，所以出門前我喝了整整兩大杯水，然後就出發了。

跑了大約一英里，我尿急到膀胱漲痛，要是這時可以兩腿交叉的話，我就會這麼做了。我問海豹，可不可以靠邊停一下。

「海豹，老兄，我得撒泡尿……很急。」

「現在嗎？在你他媽跑到一半的時候？在我的時間裡？你為什麼不在跑步之前算好你撒尿的時間？你他媽的以為現在在跑步的時候可以撒尿？現在不是撒尿的時間。」

海豹真的很不爽。我因為必須在跑步的時候去撒尿而惹惱他了，所以在他針對這個主題痛罵三十秒後，我決定也不是非尿不可，於是便憋住這泡尿。接下來的五英里，我腦袋裡想的只有不要尿。

跑完之後，我禮貌地問海豹可不可以去撒尿。「現在是你的時間，隨你他媽的愛幹嘛就幹嘛去。」

一小時後……

我們一起吃早餐，真是好一個快樂的大家庭啊。莎拉餵拉澤吃蘋果泥，我在看《紐約郵報》體育版，一面狼吞虎嚥地吞食香蕉，電視正在播放一個晨間節目。海豹把一盒燕麥推到一邊，他不熱衷吃從全食超市買回來的東西。莎拉給他一碗燕麥，但他搖搖頭。我昨天就發現我從來沒有看過海豹吃東西。我的意思是說……他到這裡以後什麼都沒吃過。已經七天了，一天三餐，可是我沒見他吃過一口東西。

可是開口問的人卻是莎拉：「海豹，你在節食嗎？」

「沒，我只是喜歡餓著肚子睡覺……這樣早上起來肚子才會餓。生活就是在於離開你的舒適圈。」

「那是什麼原理？」

我老婆非常好奇，但沒有咄咄逼人。她對某件事好奇時，就喜歡鉅細靡遺地了解，而且我可以很有把握地說她喜歡聊天。她最喜歡做的就是吃飯吃得老久，討論生活的意義。海豹這個人很有禮貌，但是你不能讓整個飯局的話題都圍著他轉，因為他看起來就是一副聊天會讓他肌肉拉傷的樣子。在莎拉天南地北從他的教養到她今天晚餐要煮什麼，問了大概二十分鐘的問題之後，我決定讓海豹喘口氣，提出一個建議藉以轉變話題。

「你們覺得去康乃狄克州的湖邊小屋過耶誕節如何？」

「聽起來不錯。」海豹說：「反正我也想要檢查一下你們在那邊的保全系統。」

「保全？」莎拉說：「我們不需要保全，那是私人社區。」

「私人社區？白宮也是私人社區。」他回答。

那棟小屋位於康乃狄克州丹伯里坎德爾伍德湖邊。坎德爾伍德湖是康州最大的湖泊，是很棒的度假地點。我們主要是去那裡避暑，但是耶誕節時也喜歡去小住。房子就在一個有百來棟房子的封閉社區裡，那裡的草坪修得漂漂亮亮，建物保持得超級好，要是路上有一件垃圾，就會被認為髒亂。不消說，那裡根本沒有犯罪的問題。

「最後一次檢查的人是誰？」海豹問。

老婆看著我聳一聳肩。

「那就這麼定了。」海豹說著把他的桌巾扔在餐桌上。「我會去看一看。」

海豹有任務在身了。他找來一塊我根本不知道家裡有的筆記夾板，還拿了一支筆。

因為我辦公室有幾個會要開，不能跟他一起去，所以打電話給我的司機史密斯，問他介不介意當天晚上送海豹去康州。我們還安排了一個水管工人在隔天一起前往湖濱的房子，所以真是太好了。

「幾點出發？」史密斯在電話那頭問道。

海豹拿著筆記夾板站在一旁看著我。

「我想他現在就準備出發了。」我說。

「跟他說我三分鐘之內就到。」史密斯說。

我是透過饒舌樂團Run-DMC的大將傑姆・「大師」・傑伊（Jay Master Jay）認識史密斯的。我從一九九〇年代中期就認識傑伊。我幫尼克斯隊寫了〈加油紐約加油〉後，與人合作成立了一家叫做「字母城」（Alphabet City）的公司，作為我銷售更多隊歌給球隊的媒介。我參加貿易展時，看到傑伊就在我們攤位的對面，於是決定過去自我介紹一番。傑伊就像是我的林格・史塔（披頭四合唱團的鼓手），不是樂團的主唱樂手，但卻是使團員緊緊結合在一起的人。他是我在樂壇景仰的人物。我們兩人很投緣，一拍即合。

認識一個月後，傑伊打電話給我。他說他在戴夫傑姆唱片公司外面的一個辦公室上班，想要換地方。我們在字母城闢了一間大大的「作戰室」，我告訴他，他可以把辦公桌擺在我旁邊。當時他才剛成立JMJ唱片公司，正推出許多藝人，包括「衝擊效應」樂團（Slam）的歐尼克斯（Onyx）。

傑伊有一名秘書兼經紀人和兩名在外面工作的實習生。其中一個比較年輕的實習生是皇后樂團的饒舌歌手，叫作凱森，另一個是皇后樂團的饒舌歌手兼拳擊手，叫作克提斯。我愛死凱森的音樂，所以把他簽到我的旗下。我在克提斯身上沒有看到那種明星魅力，但是他幫我做了很多運動歌曲，所以在我們這裡實習不久之後，自稱「五角」的克提斯便走自己的路，和阿姆簽約，成為那十年銷量冠軍的歌手。我真是大大地看走眼了。

史密斯是傑伊的朋友，我就是這樣認識他的——史密斯總是待在傑伊的辦公室裡，後來就幫傑伊工作了。史密斯的長相並不兇狠，但看得出來他是個硬漢。他是那種你和他爭論時會讓他贏的人，因為怕會挨他揍。然而他的表裡不一，其實他骨子裡是極溫柔的人。

我對史密斯的第一個認識是，他是那種老是「只差一步」的人。如果史密斯今天買超級百萬樂透彩，他可以中獎的號碼要明天才會出現。他總是離大成就就差那麼一點點。史密斯就像是Run-DMC樂團裡無人知曉的第四個團員。一九八〇年代初期，這個樂團要他當最早的ＤＪ，可是他當時正在德州和一個女孩交往，不想加入樂團。結果他沒有像他的朋友們那樣一夕成名，而是做調弦校音以及幫樂團打打雜。除此之外，他還跟那個女孩子分手了。

想知道史密斯的運氣老是差一步的時間已經有多久，就得從他中學時期說起。他的全名是達尼爾．史密斯，他的姓名顯然沒有獨特之處，因為班上還有一個同名同姓的人。讀八年級時，有一天這兩個達尼爾．史密斯決定在操場上玩剪刀、石頭、布，看誰該叫「達尼爾」，誰該叫「史密斯」，而史密斯就以只輸給布的石頭敗下陣來，從此一直被稱為史密斯。

因為傑伊的關係，我和史密斯來往密切。一陣子之後，我們之間的情份如同從小一起玩到大的朋友，只不過史密斯的體格比我的總角之交要結實一點就是了。傑伊二〇〇二年在他皇后區的錄音室被一個不知名的歹徒謀殺後，史密斯需要另謀工作。葬禮兩、三個月後我遇見他，問他有沒有駕照。他拿出一張捷運卡。

「這算不算？」他說。他只是在開玩笑罷了。他有駕照，所以我問他要不要幫我開車。

「具體是要做些什麼？」他問。

「主要就是幫我開車。」

現在他為我工作了十年，可是他不只是一個員工——他也是我的家人，是我可以信賴和依靠的人。

史密斯開車送海豹到康州的那棟房子。他們倆會在那裡過夜，第二天會見到那個水管工人。那個水管工人要告訴我更換蒸氣浴室裡損壞的磁磚大約需要多久時間。

我就寢前打電話給他們，確定一下是否一切順利。

「一切都很好。」史密斯說。

可是顯然沒有一直很好下去。到了半夜，史密斯肚子餓，躡手躡腳走到樓下的廚房，因為不想吵醒睡在臥房裡的海豹。史密斯甚至連燈都沒有開，走到樓梯下就用手機的光線照著，找到冰箱的門把後把門拉開，好讓光線亮一點。他走到流理檯，拿了一包餅乾。史密斯不知道的是，我們在屋裡裝了監視器，在我們離開房屋後便會開啟它，而監視器到晚上就會自動啟動──這一點或許會讓海豹在檢查屋子的保全系統時按個讚吧。所以當史密斯把第一片餅乾塞進嘴巴時，警報器啟動了，發出震天價響。

史密斯知道沒有外人入侵，因為觸動警報器的人是他，可是史密斯也知道海豹不知道史密斯知道的事。史密斯或許曾有過那麼一點點入侵的經驗，但是卻完全沒有處理火冒三丈的海豹特種部隊的經驗，尤其是對方還可能以為他是侵入者。

史密斯趴倒在地，匍匐到廚房桌子下面，開始大聲叫嚷：「海哀哀哀哀哀哀豹奧奧奧奧奧奧奧奧，是我ㄛㄛㄛㄛㄛㄛㄛㄛㄛ，我是史密億億億億億億億億斯，是我，史密斯！」

保全公司通知我之後，我打電話給海豹。他告訴我他在廚房桌子底下找到瑟瑟發抖的史斯密時，他正跪在一灘灑出來的牛奶中，而且滿臉都是餅乾屑。

第二天海豹開車回紐約後，讓我坐在會議室裡，聽他提出一份他做的檢查報告，臉上的表情比他準備告訴我要做什麼健身項目或跑步時還嚴肅。他準備好了。

「老兄，這樣是不對的，你們那裡的保全系統是不對的。」

我很努力不讓自己笑出來。「我們在美麗寧靜的湖邊，就連鹿在那裡都覺得很安全哩。」

「東北邊的窗戶都變形了，四周一覽無遺……有太多可以入侵的地方……還有窗戶太多玻璃了。」

我盡量看著他的報告。

「這是一個他媽的災區。」

「你是說真的嗎？」

「老兄，我是無法住在這種地方的。他媽的絕不可能。我完全無法理解你和莎拉要怎麼住在那裡。」

這可能是我見過海豹表情最生動的時候了。

「哇……唔，那你建議我們怎麼做呢？」

「我們必須立刻換掉所有的門，把所有非主要的窗戶鎖好，然後裝防彈玻璃。」

「裝防彈玻璃？」

「對，裝防彈玻璃。」

「真的有必要嗎？那是湖濱的房子……在鳥不生蛋的地方。」

「很重要……我會聯絡我的人，估一個價出來。」

當天晚上我到家時，海豹就在玄關等我，右手拿著一份資料，肌肉緊繃，一張臉板著有如石雕像。他連招呼也沒有打，就直接切入主題。

「依我看我們有兩個選擇。」他用超低的聲音說。

「好。」

「我們可以用四十五萬美元換掉所有低層和中間層的窗戶，或者……我們可以說聲『靠』，然後狠下心來砸七十八萬五千元把整個房子重新整修一下，不過依我個人看，除此之外，別無選擇。」

「七十八萬五千元？」

「是啊，我跟你說，藍波有可能拿著M16突擊步槍站在外面……可是你大可以對他比中指，然後說：『去你媽的，藍波。』……因為他根本進不來。這是軍事級的防備，很管用。除非藍波拿火箭砲來，否則你大可以安安心心睡你的覺，因為你知道你的房子已經做好完備的防護好了。」

莎拉回到家，我讓她坐下來討論我們的選項。

「老婆，海豹針對湖濱房子的保全系統給了我一個報價。」

「很好啊，老公。」拉澤衝進她的懷裡時她說。

「他建議我們把所有的窗戶換成防彈玻璃。」

「好啊，親愛的。」她一邊用手指頭梳理兒子的頭髮一邊說。

「要七十八萬五千元。」

老婆一言不發。

「有什麼想法嗎？」我帶著做作的笑容問。

「唔，老公，我這麼問你吧，上一次你看到有人拿著M16走在坎德爾伍湖附近時是什麼時候的事了？」

她說得有道理。

「親愛的，你可不可以請海豹在所有房間裡放上滅火器，然後教我怎麼設定警報器就好了？」莎拉笑著說。

訓練合計：跑六英里。

去啊！上網查我啊！你這個王八蛋！

我不喜歡坐享其成。你最好努力點，不然咱們不會處得太好。——海豹

第二天……

我接到去康州的房子檢查蒸氣間磁磚的水管工人打來的電話。

「喂，是伊茨勒先生嗎？」

「我就是。」

「請告訴那位先生我沒有上網查你的資料，還有如果你住在南布朗克斯區的話，我就報同樣的價格給你。」

「你說什麼？」

「我不想惹麻煩，可是我想要告訴你我已經聯絡律師了。」

「什麼？」

「我給你打七折。」

「我聽不懂你在說什麼。」

「好吧，打六折，真要命！你可以讓我賺點錢糊口嗎？我也是有家要養的人哪！」

「蛤？」是他掛電話前我只能說的。

原來是海豹對水管工人報的價格有意見，指控他事先上網調查過資料，弄清楚我們的身價和主要的住宅在哪裡，然後試圖根據這份資料對我們大敲竹槓。海豹向水管工人表達不悅的方式是用拳頭捶磁磚，捶到磁磚開始破裂，一面大吼：「你上網查過他們了！你查過他們了！好啊，那上網去查一查我吧，你這個王八蛋！」

「我不想惹麻煩。」水管工人在電話上說：「拜託拜託，我求求你了。」

紐約市

-5°C

06：00

第9天

保持缺氧狀態

接受訓練，以應付不可預料的情況。——海豹

才過一星期多一點……正確來說是九天，可是感覺海豹好像已經跟我共同生活了十五年之久。這話的意思不是說我們交換友情手鏈什麼的，但是我確實覺得自己對他有了多一點點的了解。他晚上很多時候還是都待在房間裡，但是感覺有比較融入我們的日常生活了。

我今天醒來時全身酸痛，或者該說是僵硬才對。我從來不做伸展拉筋的動作，而且說老實話，我跑了這麼多年也從沒認真拉過筋，賽前不做，賽後也不做，我並不是排斥拉筋，只是這並非我的強項。可是今天我得搞清楚才行。我正處於狀似僵硬的緊繃狀態中，身體無法正常動彈。我想伸手去按嗶嗶響的鬧鐘，可是手臂根本無法呈九十度角彎曲，它卡在一個假想的臂懸帶裡了。

我的兩隻手得交纏在雙腿下方，用力把腿「丟」下床才有辦法起床，而且基本上

我必須匯集足夠的動能，才能把兩條腿先甩到床邊，再放到地面。這兩條腿就是這麼僵硬。

救人啊！

在床上坐起來後，我彎下腰想要雙手觸地，但是雙手只勉強過膝，我因此意識到海豹從來不做任何伸展拉筋的動作。我們練身體時都是說跑就跑，開跑前沒有「熱身運動」，跑完也沒有做一些緩和的伸展運動。最後我勉強走出臥房，看到海豹在客廳往他的健身小日誌上寫什麼東西。

「海豹，我們這整個訓練裡會有伸展拉筋的練習嗎？」我問。

他的兩道眉毛先往上揚，接著臉色瞬間往下沉。海豹朝我走了兩步，非常近地靠向我，我可以感覺到和聽到他鼻孔的呼吸聲。我想我侮辱到他的專業了。

「你想要什麼，穿他媽的緊身衣嗎？告訴你，我們開跑，然後，媽勒個，就結束。這就是我們訓練的方式。」他說。

那……好吧。

於是今天早上〇六〇〇我們出發前往中央公園展開另一次跑步。

沒有伸展拉筋。

沒有準備動作。

我的暖身動作就是穿上保暖衣物。

我明白了。

我紮紮實實跑了三英里之後，情況才有好轉，可是出乎意料的是，一旦找到節奏出一身汗之後，我的兩條腿真的舒緩放鬆了。事實上，我從感覺像是一個硬邦邦的人變成一個在太陽馬戲團表演的人——好吧，這麼說或許有一點誇張，可是感覺很好就是了——而且是好極了。真是怪事一樁。於是跑步時我邊跑邊把這個感覺跟海豹說了，可是他只回答說：「傑西，我才不鳥你的感覺。」

快要跑完時，海豹找了一株有長長的樹枝延伸出來的樹，然後我們停下腳步。海豹跳起來做了二十五下引體向上。沒有身體前後甩動，也沒有靠兩條腿取得動能，就是做二十五下完美的、全美最漂亮的引體向上動作。然後他下令我做十下。

「就算中間必須停下來也行。做完十下。」

我跑完六英里已經渾身濕透透，連續做了六下引體向上後就墜落地面，接著再回到上面做完最後四下，然後回家。

我在浴室泡熱水澡。熱水放滿澡盆時，我把整盒的瀉鹽倒進水裡，用手攪了攪。不知道這個東西有沒有效，但是據說可以緩解肌肉酸痛。盒子上說每幾加侖的水加兩匙，可是現在我的肌肉太過僵硬，所以懶得去量，乾脆把整盒瀉鹽都倒進去，脫掉衣服慢慢爬進去適應水溫，然後拿了一本雜誌，把兩隻腳抬起來擱在浴缸上，放鬆！

這麼賣力的鍛鍊，感覺真好，可是我開始感覺到和看到身體支撐不住的蛛絲馬跡。現在早上下床的難度愈來愈高，儘管我確實比較喜歡我的床，尤其是看到那張木椅的時候。可是我知道我行的。

四小時後……

我在會議室開會。我們正在對一個稱為「條片」的新業務構想擬定初步策略。「條片」是放在舌頭上的可溶解小條片（想一下李斯德霖的漱口水糖），含有咖啡因、維生素B_{12}、以及其他維生素與營養素。我們希望這個產品有朝一日能與提神飲料「五小時能量飲」（5-hour Energy）或是其他市場上的能量產品競爭，甚至取而代之。這個產品相較於咖啡，在快速送貨系統及攜帶方便的包裝方面，更具獨到性與好處。

海豹也參加了這項會議。唔……海豹就坐在會議中，可是我不會認為他有積極參與。他是在聽沒錯，可是我看得出來有什麼事情令他不爽，因為他看著我的樣子就是一臉不爽。開會的這群人決定要休息十分鐘「看看有什麼電子郵件」時，海豹問他能不能跟我說一下話。

三十秒後，我們兩人在我的辦公室裡。

「今天早上不算完成，我少算了。」他說。

「什麼意思？」

「我們跑步，做了引體向上，可是沒有坐仰臥起坐，所以這個訓練不算完整。」

「可是你要我做的我都做了啊。」我說。

「這個嘛，現在我在跟你說的是我們做得不完整，現在我很不爽。所以我們現在要做仰臥起坐。」

「現在？我開會才開到一半。」

「不對，你現在是休息到一半。」

海豹要我屁股坐在地上，然後他踩在我的腳上。

「平躺在地上。」他說。

然後他要我坐起來摸到他的膝蓋，於是我做了一百下。坐到約三十五下以後，我每做五下仰臥起坐就得平躺在地恢復元氣和力氣，才能接著再做五下。做完之後我全身飆汗。這個時候，齊許走進我的辦公室，告訴我要繼續開會了。

海豹和我走回會議室，每一個人都盯著我瞧，看著汗水像水籠頭沒關似地從我的額頭湧出。海豹看著大家，顯然意識到這種緊繃的氣氛。

「傑西有點事情沒有做完，」海豹說：「現在做完了。」

會議繼續進行。

18：00

晚餐。

20：00

淋浴。

我聽到海豹的房間有聲音，宛如一架直升機降落在他房間似的。我輕輕敲他的門，沒有人應門。我再敲大聲一點，還是沒有人應門。

我用力捶門。

「幹嘛？」

他打開門，地上有一個帳篷，不是疊好或收好的，而是已經架在那裡，好像他準備在我位於曼哈頓的公寓正中央升個營火，烤個棉花糖什麼的。帳篷用一條水管連接在某種發電機上，而發電機正在全速泵動，聲音很大。

「你在做啥？」我隨口問。

「蛤？」

「你在做什麼？」

「準備睡覺。」他說。

「啊，好。那是什麼東西？」

「什麼？」

我指著帳篷。

「帳篷。」

「喔ㄛㄛㄛ！那是個帳篷。」我說。

「是啊！」

「我知道那他媽的是個帳篷，可是要幹什麼用呢？」

「因為我今晚要睡在裡面。」

「你要睡在帳篷裡面？在臥室裡？在中央公園西大道？」

「對。」

「我可以問問為什麼嗎？」

「低氧。」

「蛤？」

「這個帳篷會讓人缺氧。」

海豹在帳篷裡拉上拉鍊，說：「我也在練身體啊。關燈。」

我後來知道這個東西叫做高空模擬帳篷，接上發電機之後，帳篷裡的氧氣就會被吸出去，使身體產生更多紅血球，心血管系統會像睡在珠穆朗瑪峰上時那樣的運作。

我敢打賭，我是紐約上西區唯一一家裡有充氣式橡皮筏、低氧筒、帳篷、還有一個海豹特種部隊的人。我上床打開房間裡的窗戶，吸入流進我位於中央公園外的家的紐約市冷空氣，感覺真好。入睡時，我想到海豹的帳篷裡面缺氧，對自己說……我還真是有夠嬌生慣養的。

訓練合計：跑六英里，十下引體向上，一百下仰臥起坐。

紐約市

-6°C

05：00

第10天

榮譽制的訓練

想要發揮極限，就必須訓練自己到達極限。——海豹

莎拉睡得很熟。兒子拉澤也已經睡著了。美國本土的大部分人都還在見周公。

但海豹還沒有睡著。

海豹在獸穴裡。

海豹已經穿好衣服了。

同樣的T恤。

同樣的短褲。

他看起來就好像已經起床好幾個小時了。清爽，平靜，清醒，興奮。

而我呢？我看起來就像搭夜間航班才剛下飛機，疲累，精疲力竭，而且不爽自己還沒有睡覺。

海豹一副除此之外別無他事的樣子，而我呢？我心裡有一卡車和「解渴」有關的

事情，還要確定可口可樂對我們到目前為止的表現是否感到滿意。我擔心新的「條片」產品。我要想的事情很多，他則是一點心事都沒有。

「你準備好了沒？」海豹說。

「閃邊涼快去。」我回答。

時間是早上五點，實在是太早了，我真是他媽的恨哪。

通常在我努力做的每一件事上，不論是生意也好，愛情也罷，或者是健身，我都會有那麼一刻會對自己說：**我到底是想幹嘛？**

現在我就處於那一刻。睡在椅子上，該死的瘋子，差點被一個水管工人告，這些都是我連想都沒想過的事。是，我雇用海豹時想像的是艱苦的訓練，汗流如注，挑戰極限，可是做這些呢？

我知道我的朋友們現在都認為我腦袋瓜有毛病，他們以前見過我做一些瘋狂的事，不過和這件事比起來簡直是小巫見大巫。我的整個人生就是不照傳統路線走。任何時候你只要稍微脫離常規，別人就會用這樣的眼光看著你：（a）崇拜，（b）你瘋了。我從來不在乎，現在照樣如此。我家住了一個素昧平生的人；天寒地凍，我竟還每天起得超早，每天跑步。我想有的人但願自己能做這種事，但是卻永遠不去做。持續做這件事的意志力和經歷這件事的意志力，就是人們認為的瘋狂。而現在，不管如何解讀，我都在為此付出代價。說不定我是真的瘋了。

我知道我的一些決定理應先三思而後行，可是要不要想四次、五次、六次？外面一片漆黑，氣溫是零下六度，老天爺啊！或者我就到此為止吧，我心想。不如把這個月的錢算給他，祝他旅途愉快就好了。

後來我想起當初請他來時我答應過一個條件，就是他說什麼我就得做什麼。海豹是以榮譽建立自己的事業，所以我最起碼得兌現自己對他的承諾。

我換上運動服。

05：15

我們做伏地挺身的流程是這樣：坐一個伏地挺身後站起來，十五秒後再臥倒做兩下伏地挺身，之後再等十五秒，以此類推，直到做十下伏地挺身後，開始休息三十秒。在連做十六、十七、十八下之間，海豹允許休息四十五秒。這傢伙有夠狠的！

我從一下到連續十八下一共做了一百七十一下。之後再做三十下引體向上。（不限時間，只要做完三十下，就算我從單槓上摔下去也沒關係。）然後我們做四分之一英里跑步的間歇訓練，快跑四分之一英里，接著走一分鐘，重覆這個過程進行兩英里。四分之一英里衝刺……走一分鐘。

海豹說他要讓我在一星期內累計能跑到一百英里。

蝦米？就算我以前為跑馬拉松練跑時，每周跑的最高里程也不過是四十英里。一星期跑一百英里聽起來好像有點危險，像是到後來脛骨要上夾板固定之類的。

在此同時，做那麼多伏地挺身讓我全身酸痛，連洗頭也沒辦法。

海豹不把它當一回事，也不怎麼擔心。

「如果你想要發揮極限，就必須訓練自己到達極限。受傷了還會復原。那有他媽的什麼關係？」

三小時之後……

海豹把我叫到他的房間內。他說他得「離開」三天。我心想他還真是「意外製造者」哩。他要去參加七十五英里賽跑和出差。對此，我什麼都沒問。

晚上有時候他會打電話，但我完全不知道他是打給誰或為什麼事而打。有時候會聽到他關上門在房間低聲講電話，我倒不是在刺探他的事，只是我得經過他的房間才能到拉澤的房間。我從來聽不到他在電話裡說什麼，但確實會勾起我的好奇心。

「我不在的時候要持續練。」他說：「早上跑六英里，晚上三英里，還有別忘了做伏地挺身，每天一定要做兩百下。我不在，所以這是榮譽制。」

收到。

我忍不住揣測海豹是要去哪裡。對，他會參加賽跑。對，他會參加鐵人三項比賽。所以他可能是去做諸如此類的事情。

可是他也有可能是去執行秘密任務。誰知道勒？各種想法在我的心頭亂竄。

訓練合計：兩英里間歇跑步，一百七十一下伏地挺身，三十下引體向上。

約會之夜……嗎？

我不太喜歡坐下來吃晚餐這類的狗屁事。我比較喜歡填飽肚子以及在路上的感覺。——海豹

海豹有三天不在，所以莎拉打算就我們兩人吃一頓溫馨的晚餐。我的意思是說，我也提了一些意見，但是莎拉想要親自下廚——她的廚藝十分了得。這是我們夫妻倆彼此覺得合適的任何話題（而且百無禁忌）進行交流時，所共享那麼一點老婆大人所說「有品質的獨處時光」。我舉雙手雙腳贊成。我太把莎拉的犧牲視為理所當然了。她同意讓一個基本上全然陌生的人住在我們家，雖然她漸漸也喜歡海豹，但是我們卻完全沒有獨處的時間。

下午三點，她打電話到辦公室告訴我她要去全食物超市為我們的約會採買食材。她要自己做蔬菜漢堡、義大利麵、沙拉、清蒸菠菜、烤馬鈴薯。全都是我愛吃的！

「六點半！！！六點半準時到家！」她說。莎拉習慣把很重要的話重覆說兩次。

所以，我傍晚六點離開辦公室。我家距離辦公室是二十分鐘步行的距離，所以我到家時還提早了六分鐘。

我偷看了一下廚房：麵粉、滾水、蔬菜。好戲上場！

「看起來挺不賴的，老婆。要我幫忙嗎？」

「拜託擺一下桌子，把我們兩個人的水倒好。」她笑著說：「晚餐再四分鐘就好了。」莎拉停了一下下。「四分鐘。」

我在餐廳拿了叉子、刀子、兩個盤子，把這些鍍銀的餐具隨意放在盤子兩邊。我找不到餐巾紙，但又不想麻煩莎拉。餐廳外面就是洗手間，於是我拉了約七、八公分長的衛生紙，撕成兩半，再摺起來，餐巾紙就搞定了！我再拉出七、八公分的衛生紙，以備不時之需。我把兩份「餐巾紙」放到餐具下面，剩下的放在桌子中央。

「桌子擺好了。」我喊道。

「好極了。」她回答：「來端吧！！！！」

我拿著兩個盤子走進廚房。「看起來太棒了，」我讚美老婆煮的美味料理，並親吻她的額頭。

「老婆先。」我拿一個盤子給她說。

莎拉小心地用沙拉、蔬菜漢堡，還有一些清蒸菠菜建構出她的晚餐。她的餐盤看起來就像《好胃口》雜誌上的跨頁照片。

「老公，餐廳見。」她邊走出廚房邊說。「好興奮啊。」她又補上一句。

她走出去時，我開始裝我的餐盤……同時一點一點地吃著。我舀了一勺蔬菜放到盤子上……另一勺則直接放進嘴裡。

我急於坐下來享用，但是食物對我而言就是燃料，我是狼吞虎嚥……而不是細嚼慢嚥。我覺得坐在那裡吃一頓漫長的晚餐，就時間的運用而言是沒有效率的，所以我喜歡站著吃東西。何不……快速攝取熱量……然後繼續做該做的事呢？這樣的心態深植於我的ＤＮＡ中，所以我走進餐廳時已經開始吃盤子裡的食物。先是用指頭捏，然後變成用手抓，接下來就展開全面進攻。鍛鍊身體這件事快把我餓死了。

我走到餐廳的餐桌旁。

「老公，你的食物呢？」莎拉問。

我低頭看著空空如也的盤子。

「你已經把你的東西吃光了？？？？」

我搖頭表示沒有。我還不能張口說沒有，因為我的嘴巴塞滿了蔬菜漢堡。現在我不知道該怎麼辦才好，因為我已經吃完了。對我來說，我們這個約會很棒，不是嗎？於是我坐下來看著老婆吃東西。我們在餐桌上沒怎麼進行百無禁忌的討論，事實上，還挺安靜的。我漸漸開始意識到我可能對我們的約會澆了一點冷水。

莎拉吃完之後，用衛生紙餐巾擦嘴巴。

「老公，」她用拇指和食指拿著餐具說：「這是叉子！ㄔㄚ，叉子！叉子是吃東西的器具，是用來把食物從盤子上拿起來放進嘴巴裡，而不會讓食物弄得你滿身都是。叉子是成年人用來吃東西用的。」

她把叉子放在桌上，舉起她的手擺動手指頭。「這些叫作手指頭。手指頭是用來拿叉子用的，不是用來抓義大利麵……是要把麵捲在叉子上……然後像吃蘋果那樣吃進去的。跟著我說：手指頭。」

「手指頭。」我說。

「不是，」她說。

「不是，」我複述。

「用來。」

「用來。」

「夾食物的。」

「夾食物的。」

很愉快的約會！

三年前的第一次約會

我想，我是一個很難跟人談戀愛的人。——海豹

我第一次見到莎拉時，聽到她說她在舉辦一個慈善活動，要為非洲的弱勢婦女募捐大學獎學金。

回到紐約後，我查了一下那個慈善活動，那個組織叫做莎拉．布雷克利基金會，而那個活動就叫作「我在乎派對」。募得的款項是要用來幫助非洲婦女上大學。我買了一桌十個人的位置，條件是位子要緊鄰主辦人的桌子。然後我打電話給莎拉，對我們兩人都熱衷於把非洲弱勢婦女送進學校這件事表示驚奇。真是無巧不成書啊！

舉行活動的當晚，我的桌次的確緊鄰莎拉的桌子，可是除了一個高中同學之外，我無法說服任何人和我一起坐飛機去亞特蘭大——所以那張十個人的桌子只會有我們兩個人。於是活動當天，我打電話到莎拉的辦公室，然後他們就塞了一些我不認識的人坐到我們那桌，反正我也不在乎，因為我在那裡只有一個理由（恕我冒昧，非洲弱勢婦女）。結果，那天晚上莎拉不太有時間招呼我，因為她是主持人，沒有太多時間跟我說話。可是當然，她知道我來了，而這就是重點。

我必須承認，莎拉在這場餐會之前就吸引我，而那天晚上結束前，我對她的興趣更大了。她比我第一次見到她時更加動人，而且優雅自信地履行她當主持人的責任，使得她的魅力更加無法抵擋。她那天晚上的活動辦得很精采：理察・布蘭森爵士（Richard Branson）親臨，還有珠兒（Jewel）和聚合靈魂（Collective Soul）的現場演唱，但說老實話，我沒有太注意四周發生的事情，因為我的目光根本無法離開莎拉。

慈善餐會後不久，我發現（而且真不記得是怎麼發現的）莎拉和男朋友分手了。我立即發伊媚兒邀她和我一起去看那年正在亞特蘭大舉行的終極四強籃球錦標賽。她完全不懂籃球，但是你真的不必懂籃球也可以在美國大學聯盟（NCAA）男籃決賽裡看得很高興。

兩星期後她來紐約洽公，我約她正式進行第一次約會，告訴她我已經預約一家水療中心，也在一家壽司店訂好晚餐。

「好極了。」她說。

其實，把我們去的地方說成水療中心是有點扯淡，「不合法的俄羅斯浴」可能才是比較貼切的說法。我喜歡洗蒸氣浴，而這個地方的蒸氣浴很熱，所以他們要我們戴浴帽，才不會讓髮根灼傷。莎拉來的時候頭髮看起來像是下午才剛做過，大概她以為接下來要享受的是修指甲和足部按摩哩，不料卻被帶去一間更衣室，一個小腿像消防栓一樣粗的俄羅斯婦人給了一件紙褲要她穿起來，她全身上下只穿了這件褲子，所以莎拉出來的時候兩手圍著胸部遮住了雙峰。請記住，這是我們第一次真正的約會。

蒸氣浴的溫度設在八十五度（攝氏二十九．五度）。俄羅斯治療師艾文這時走進來為我們做了一個療程，用濕的橡樹葉拍打我們，讓我們的身體產生更多熱量，並使體溫升高到讓人受不了的程度。等他覺得我們再也承受不了更大的熱度時，就把我們帶到一個房間，把冰冷的水往我們身上倒下來，之後再回到八十五度的高溫。

真是浪漫啊……

之後我們去吃晚餐。

我在紐約一家豪華的日本料理店裡望向桌子的另一端，莎拉的頭髮還濕答答的，而且睫毛膏流到臉上。這個可憐的女子一副被煮熟了的樣子，不過她一句抱怨也沒有。我們過得很愉快。

莎拉和傑西……好戲登場！

紐約市

3°C

08：00

第11-12天
享受疼痛

這是我努力得來的。現在我要享受它。——海豹

海豹這兩天消失的時候，我都獨立作業，而且老老實實地按表操課——採取榮譽制。早上跑六英里，晚上三英里，中間像Oreo餅乾一樣再加個兩百下伏地挺身。一個人做起來其實有點寂寞，倒不是說我想念那傢伙，可說不定也是有那麼一點點？

今天沒什麼不同。早上跑了六英里。十一點手機響起來，是海豹打來的。他說他在回紐約的路上，而且他剛跑完那場七十五英里的賽跑。

「跑得如何？」

「辛苦。」他說。

「真的假的？七十五英里叫辛苦？」

「有一個爬坡，」他說：「而且地勢崎嶇。」

我現在對海豹的了解已經足以知道，如果他說跑起來「辛苦」，而且有「爬坡」，地勢「崎嶇」的話……那肯定就是難如登天！

「而且……我兩腳的蹠骨都折了。」

蛤？你聽聽，那叫做難再乘以二十倍好不好。

「不過我漂亮完賽。」他說。

他還完賽了?!

「你要怎麼處理？」我問。

「什麼意思？」

「你要去看一下嗎？」

「看什麼？」

「你的腳。」

「我幹嘛要去看腳？」

「因為骨折了啊。」

「省省吧，大哥。醫師只會告訴我它們骨折了。我他媽的幹嘛浪費時間開車去看醫師，付錢讓他告訴我說我的腳骨折了，而這事我早就知道了？我得掛了，回頭再打電給你。」

他說的不無道理，我想。

一小時後……

我在家裡的辦公室收到海豹在搭車前往機場的路上傳來的電郵：

寄件人：海豹

收件人：傑西．伊茨勒

主題：已在路上

訓練照舊。

這傢伙兩腳的每一根骨頭都斷了還能跑？訓練照舊？

23:00

有人開門，是海豹，他有鑰匙，不過自從他和我們同住之後，我們白天就不太鎖門了。鎖門幹嘛？今天也沒什麼不同，於是他打開門。

海豹走進來時，那個樣子有如走在碎玻璃上，一跛一跛地顯然痛得很。他沒有穿鞋，腳趾頭可真的是一個慘字。海豹右腳大拇指的指甲已沒有了，而且還長了幾顆水泡，那些腳趾頭看起來活像吞下了巨大的紫葡萄。哎喲喂呀。

「媽呀……看起來可真夠慘的，你得治一治才行。」我說。

「用不著，我就只要坐在沙發上享受這個痛。」他自己大笑起來。

起初我以為他可能是想要讓我佩服他，所以營造出這種瘋狂的角色，為了做效果而演得誇張一點。可是我看著他慘不忍睹的雙腳，心裡明白這種事絕非誇張演出做效果，他真的是這麼想。他是真心想要享受這種疼痛。

第二天

我在辦公室裡忙上加忙，這時接到「解渴」執行長馬克・藍波拉的電話。他直接說明打電話的目的。

「『解渴』有很多人在看你寫關於海豹的部落格。」他說。

「太好了。」我說：「謝謝你告訴我。」

「是啊，他們不相信你真的在這麼做。你有病啊，你現在的體格一定鍛鍊得啵棒，而且一定累慘了吧。」

「是啊……這是絕對一定以及肯定的。」

「唔，總而言之，我們想知道海豹願不願意當『解渴』的代言人，就是在賽跑時喝它，並且跟別人解說這個產品等等？」他說的話就像一陣輕煙般地飄浮在空中。

我想要告訴藍波拉海豹不太講話的，結果卻只回道：「太好了，我會問他。再回你電話。」我說。

我掛上電話，把電話內容告訴海豹。

「你在部落格上寫這件事？」

「是啊，起初只是傳給幾個喜歡練身體的朋友看，可是現在很受歡迎，有點傳開了，但也不是很多人知道啦。」我說

「好吧，還不錯。可是我不希望裡面提到我，一點都不要。」

「你有興趣當『解渴』的代言人嗎？」

「我是為我自己而跑，不是為產品跑，傑西。我是為我自己而跑。」

我們對話就到此為止了。

晚餐，17：30

我聽到海豹的臥房裡在放《洛基》的主題曲，放了一次，後來我聽到它又響了一次，之後又一次，然後再一次，接著這首歌大約響了三十次。這傢伙到底在裡面搞什麼鬼？

我選擇不去敲門，但可以察覺到有什麼認真的事情在他那個房間裡進行著。我幾乎可以感覺到有股熱氣從門裡面冒出來。我非常好奇。

最後，在那首歌第三十一次響起時，海豹走出來，全身濕答答，汗水在地上滴落成灘。

「你還好吧？」我問。

「兩千五百下伏地挺身，靠。我還好。」

莎拉走進房間，因為她也很好奇。不過，我看得出來她的好奇心突然轉為憂慮。有什麼事令她感到擔心，真的擔心。我可以從她臉上看出她想告訴我她心中所想的事……不用言傳。她在透過眉毛和表情傳送給我夫妻之間的某種心電感應，可是我不是很清楚她傳送的訊息是什麼，但起碼我知道她正試圖用細微到難以感覺到的摩斯密碼在發送訊息給我。這麼做有加分效果嗎？

然後她的目光慢慢地從注視著我的眼睛轉到地上，這個轉動是慢動作的，而且是帶著我的目光一起轉，於是我看到汗水在我們家那條東方地毯上形成的小水灘一秒一秒的擴大。那條地毯是祖傳的，是莎拉的奶奶給她的。隨著每一秒過去，那個水灘有如雨水全落在同一個點上般逐漸擴大……而這灘水就位在這條祖傳地毯的正中央。海豹坐在沙發上，汗水如注從他的鼻子流下，穩定往下落在地毯上。

我立即去浴室拿了兩條毛巾，一條給海豹，一條放在地毯上。我慘了。

莎拉把我叫到臥房。

「別再讓這種事發生，」她對我說：「我是說真的。」她的口氣遠比海豹以前說過的任何話、或者到目前為止對我做過的任何事情更恐怖，甚至跟我母親的沈默對待差可比擬。「絕對不能。」她再說一次。

三十分鐘後……

晚上八點半，我們進行當天第二次鍛鍊（呃，至少我是），總共做一百七十一下伏地挺身。接著下樓去健身房，住戶每天二十四小時都可以去。我們到的時候下面烏漆墨黑，所以我立即打開健身房的電燈。

在認識海豹之前，我從不在跑步機上跑步。我是老派的人，是那種繫好鞋帶就從大門口跑出去的跑者。可是海豹認為跑步機是很好的訓練工具，因為是受控制的。對啊，就像中國的水刑。

他讓我以十五分鐘的配速在十二．五度的斜坡上走五分鐘，然後再把坡度減到三度，但要我做：

四分之一英里：配速九分三十秒

四分之一英里：配速六分五十秒

四分之一英里：配速九分二十秒
四分之一英里：配速六分四十秒
四分之一英里：配速九分二十秒
四分之一英里：配速六分三十秒
四分之一英里：配速九分
四分之一英里：配速六分二十秒

大約三小時之後（23：00）

海豹告訴我該做仰臥起坐了。這個感覺好像是在為了考試而臨時抱佛腳，要在半夜十二點以前做完日常訓練兩倍的量。

他一直要我維持正確姿勢，像是直接起身和直接躺平，速度要愈快愈好，否則就不算。

四十四下無外力協助（「無外力協助」的意思是指不需要很用力地叫喊）

休息一分鐘
四十四下無外力協助
休息一分鐘
四十四下無外力協助
休息一分鐘
合計：一百三十二下

伏地挺身：
十五下七組（一分鐘完成）：共一〇五下
休息一分三十秒
十二下九組（五十秒完成）：共一〇八下
休息一分三十秒
十下十組（四十五秒完成）：共一〇〇下
合計：三百一十三下

我累趴了。可是腦內啡讓我亢奮得睡不著覺。我這輩子從沒有在那麼晚的時間健身。我習慣一早起來運動。

海豹走進來告訴我把鬧鐘設在〇七三〇。明天早上〇八〇〇整開始鍛鍊，於是我把鬧鐘設在〇七四五。我要多睡十五分鐘。這時我突然意識到海豹沒有鬧鐘，但是他從來沒有睡過頭；我起床的時候他都已經起床。事實上，現在我發現其實我從未真正看到他睡覺過。我從來沒見過他打呵欠，從沒見過他伸懶腰，或者甚至沒見過他長時間闔上眼睛。這位仁兄是個機器人。

訓練合計：陡坡走五分鐘，跑八英里（其中兩英里間歇訓練），一百三十二下仰臥起坐，四百八十四下伏地挺身。

紐約市

攝氏 -6°C

08：00

第13天

變態的星期五

每一天都是挑戰，否則就不是正常的日子。——海豹

距離我做完四百八十四下伏地挺身不到八小時，距離我睡著才五小時。我起床時，海豹已經起床。我的意思是說，完全清醒的。他告訴我，他已經去外面勘察過跑步的路線，查看地形，並且實地感受了一下。

「地形？」

「今天不是像平常那樣在中央公園跑。」他說。

「不是嗎？」

「不是。路人都沒有笑臉。外面只有零零星星幾個人在跑步，有一個人在遛狗，還看到一個送報員。」

「好吧。」

「才不好。」他說：「今天外面只有瘋子，大哥，只有瘋子……今天是變態的星

期五。」

我不太確定他是什麼意思。

我走出大門，海豹則是一瘸一拐的。我們以每英里八分鐘的配速出發準備跑五英里，可是海豹想要在坡地上跑。他選定中央公園後面第一百一十街旁的一小塊地方。於是我們往住宅區跑，跑到那裡之後，再在第一百一十街的山坡繞小圈子跑。這個山坡的上坡只有大約四分之一英里，但是坡度很陡，所以要維持八分鐘的配速非常有挑戰性。

跑上坡時，我的肩膀因為昨天做的四百八十四下伏地挺身而痛得要命。我的意思就是**痛到要我的老命**。

當我藉由跑步緩解肩膀的劇痛時，兩隻手臂就在身體的兩側懸掛著晃來晃去。手臂不會酸，因為我已經超越酸的境界。我在設法用什麼技巧緩解疼痛，但是怎麼做都不對勁。跑步結束時，我彎腰氣喘吁吁，兩隻手臂像死肉似地掛在那裡，我得放它們一天假才行。

「肩膀感覺如何啊？你這個不中用的傢伙。」他問。

我連話都說不出來了。

「今天晚上要做更多伏地挺身。我要測試你的肩膀。」海豹一跛一跛地從我旁邊走過時說道：「做好準備。」

13：00

我決定今天在家上班，所以海豹在他的房間裡「放鬆一下」，而我則在我的房間裡打電話。我什麼都拿不起來（連手機也一樣），因為肩膀痛到不行，這話一點也不誇張。

海豹走進我房間。

「我去樓下快速練一下。」

「好。」我回答。

兩小時後

海豹回到家，兩手舉高讓我看他的手掌，看起來就像是從機車上摔下來時用兩手撐地，所以雙手磨損。

「怎麼回事？」

「做伏地挺身做到累垮了。」

「你做了幾下？」

「每分鐘做五下，一共做兩小時。」

「你剛才做了六百下伏地挺身？就是剛才？一口氣做這麼多？」

「收到。所以去你媽的狗屁肩膀吧。」他說：「不管你怎麼樣，總是有人比你更痛。你得學會如何度過困境，不論是什麼樣的困境……想想別人，然後吞一顆吃屎藥。」

我想他的意思是止痛藥，不過我沒有發問。「吃屎藥」聽起來挺好的！

22：00

海豹整個下午和晚上都待在房間裡。我不知道他在做什麼，不過他沒有出來看過我半次。他生氣了嗎？我不敢去吵他；誰會想要去吵醒沈睡的巨人？夜晚悄悄來臨時，我知道自己已經全身乏力，況且我還得讓肩膀復原才行。我衣服沒脫就爬上床，這一覺睡到晚上十點。我睡死了。

半夜十二：三〇鬧鐘鈴響。我知道我沒有設鬧鐘，也知道老婆沒有設鬧鐘，更百分之百肯定拉澤沒有設鬧鐘。

「不請客就搗蛋。」海豹說。

他穿著運動鞋，坐在我房間距離我的床十公分的一張椅子上。我想他是在吃香蕉吧。我揉揉眼睛，確定自己不是在做夢。悲哀啊，我的確不是。現在的我比第一次看電影《沈默的羔羊》時更害怕。唯一可能更慘的情況只有他叫把我乳液放在籃子裡吧。

他走到床邊彎下腰，嘴巴幾乎是貼著我的右耳，開始小聲的唱著美國南方饒舌鼻祖Geto Boys的熱門歌曲的歌詞：「晚上我睡不著，我翻來又覆去……」

我假裝還在睡，可是他就這麼一次又一次地重覆這句歌詞……聲音還愈來愈大……直到我終於起床為止。

我們走到外面，三更半夜的。呃，其實該說是半夜的開始才對。事實上，現在是凌晨一點。

戶外大約是零下六．六度，可是風吹過來感覺像是零下二十度。我們繞著中央公園較南的環路跑三英里，做四十下開合跳，再做十下伏地挺身，然後重覆。十五分鐘內做二十組開合跳和伏地挺身，加起來就是十五分鐘之內做八百下開合跳和兩百下伏地挺身！

我們鍛鍊時，中央公園裡不見半個活著的人或生物，沒有半個人，沒有警察，甚至連松鼠也不見蹤影。我受盡折磨，現在唯一可以讓我覺得更慘的只有海豹要我背他回家吧。我不會讓他失望的。但我只想保暖。畢竟有誰會在隆冬之際半夜一點鐘在戶外鍛鍊身體？

走進屋裡，我便脫掉所有的衣服，穿上乾爽的運動短褲和舊的短袖T恤，再從大廳的壁櫥拿出冬季夾克穿上。跑步把我給冷死了，夾克是唯一吸引我的東西。我把拉鍊一直拉到下巴，然後爬上床。我知道我住在中央公園西大道十五號，可是現在感覺卻像是在大冬天跑去塞爾維亞出任務。我看著莎拉，她抱著枕頭在床中央呈胎兒的姿勢睡著。我把夾克的帽子罩在頭上，一直往下拉，直到蓋住眼睛。熄燈。

訓練合計：跑八英里，八百下開合跳，兩百下伏地挺身。

開本田汽車的太太

每個人都是潛在的威脅。——海豹

我和海豹去我在康乃狄格州的湖邊小屋。我得確定水管沒有結冰，同時處理一些雜七雜八的事情。檢查完表列的每一件事後，我們便準備返回紐約。我問海豹他能不能開車，因為我想處理點事情。

「收到。」

「你開車技術如何？」

「我受過良好的訓練。」

我們開始開車回紐約。海豹顯然是防禦型的駕駛，我發現他連開車出車道都會打轉彎的燈號。我往左點了一下頭，示意是開往州際公路的方向。我拿著手機看電郵，然後在需要於岔路右轉時向他點了一下頭。我從置物箱裡拿了一支筆做些筆記，最後我們開到了主幹道上。

海豹用食指指著我們經過的第一輛車，然後又指著下一輛車，他的手好像是離開方向盤指的。他又做了一次，而且還用音調優美的低沈嗓音喃喃自語。

「媽布拉媽布拉媽布拉媽。」他喃喃自語和用手指。

「你用手這樣指的用意是……？」

「這是種開車的技巧。你必須指著目標，每一個目標。」海豹邊說，邊指著一輛十八輪的大貨車。

「可是他們只是通勤的人啊，下班準備回家的人。」

「對你來說是那樣，對我而言，則是目標。」

我看了一下我們經過的下一輛車，是一個媽媽載著兩個在後座看影片的小孩。海豹指著她。

「你不知道那輛開本田的女的會做出什麼事來。」他說：「你不知道她反應的時間有多快。你對那位太太在想什麼一無所知。老實說，你什麼都不知道。」

我們默默坐了一分鐘。

「咦，你想開車嗎？」海豹察覺到我的不安，於是這麼說。

「不想，一點也不想。我從來沒見過有人像你那樣開車，是指著每一輛靠近的車子的。」

「你太容易相信人了。只要有個火冒三丈的媽媽，嘭，事情就是會發生得這麼快。只要他媽的十億分之一秒。你伸手去拿手機，然後，砰，你就被炸死了。你必須思考防範之道，還有，別再唱艾爾頓．強那首什麼狗屁歌曲了，傑西！」

「艾爾頓．強？」

我一頭霧水。

「要提高警覺啊，這位先生。」他說：「這可不是開玩笑的事，這件事就像玩電動賽車遊戲一樣，你可能很快就被吞噬，所以在路上必須提高警覺。」

紐約市

攝氏 -6.5°C

09：45

第14天
消防員揹負救援

要是連基本的都做不來，就什麼都幹不了。——海豹

海豹手上大概有十顆藥丸，他把這一大把全丟進嘴巴，然後喝了一大口水，再張開嘴巴。

「咯。」他吞下時發出聲音。藥丸都不見了。

我不太清楚海豹吃的是什麼。維他命？藥？遇到攻擊時能抗輻射的藥丸？誰曉得呢？我只知道他偶爾會吞一大把藥丸。

「我們在室內待四十五分鐘。」海豹說。

「為什麼？」

「你等一下就知道了。」海豹輕聲笑說。

我們搭電梯到地下室，那裡的走廊約三十碼長。海豹說我們要做消防員揹負練習。

「這是基本軍事訓練。」他說。

做消防員搶救背負術

我得把海豹扛在肩膀上在地下室的走廊跑三十碼，然後放下海豹，做三十五下（數到四）仰臥踢腿，腿要抬高到膝蓋，再做二十下伏地挺身，然後換他扛我。我們要重覆做十四次。

做到第十二次時，我搞砸了，真的搞砸了。這是我這輩子感覺最糟糕的一次。

扛海豹很累，但是被他扛更受罪。你想想看頭下腳上被扛著時所有血液都衝到腦門的感覺，再加上還有海豹的肩膀會頂著我的肚子。

在做的時候，電梯門打開，有個住戶走出電梯到走廊來。我見過她，只是不知道她叫什麼名字。我在電視上看過她，好像是房地產大亨什麼的，可是在這個時間點，誰管這些啊？我知道我們這幢樓的人八成都覺得我有病，他們想必在納悶這是怎麼回事。這是一幢住著手上拎著名牌包、在那些包包裡還窩著貴賓犬的大樓，但我們顯得格格不入。他們想必很想知道藍波怎麼會住到他們這幢大樓裡來了。

反正，她可以感覺到這股瘋狂勁，所以看著我們兩人，既害怕又好奇。她異常快速地走向健身房，就像你在街上看到某人，而對方突然醒悟到自己不在他們想在的地方，於是立刻加快步伐離開那樣。

「這個看起來有點激烈。」她經過我旁邊走進健身房時說。

只是有點激烈？我心想。應該是瘋狂激烈吧？

15：00

我走進辦公室時，海豹正坐在我辦公桌旁講電話，在我舒服的旋轉椅上轉來轉去。

「是賈奈特。」海豹對我說。

「好，保重。」他掛上電話時說。

顯然海豹一直和賈奈特保持聯絡。我根本不知道他們怎麼會有彼此的聯絡方式，也不知道這兩個傢伙可能聊些什麼，不過他們有聯絡讓我露出了笑容。

海豹站起來，我則在辦公桌前坐下來，把電腦打開。

「現在不需要開電腦。」他說。

「什麼意思？」

「我們要看一下你的巴比跳進度。做同樣的練習。」

「別這樣吧，大哥，我今天有事情要做耶。」

「我也是。衣服脫了開始做。」

我脫掉衣服，身上只剩下運動褲。

一……二……三……三十九……一百！

十分二十七秒！我覺得自己笑了起來。

22：18

我去看紐約尼克隊的比賽，很晚才回到家。下班後我直接走了二十條街到麥迪遜廣場花園。今天開了好幾個會，舉行好多次電話會議，還得在工作上救好幾次火，再加上早上的消防員揹負練習實在把我累得有夠慘。然後還有巴比跳，之後又走到麥迪遜廣場花園。

我走進大門時已接近昏迷之際，然後就聽到有人說「來跑八英里吧」。

「不要啊，大哥……我們已經跑完了。明天早上再跑就好了吧。」

「好吧，如果你要這樣的話。」海豹說這話時看我的樣子，好像我是個不中用的繡花枕頭。

海豹想成為海軍陸戰隊突擊隊員時，體重是兩百九十磅（約一百三十二公斤）。他被告知一個兩百九十磅重的大漢是不可能成為海軍陸戰隊突擊隊員的，於是便在兩個月之內甩掉一百〇五磅（四十八公斤）。我知道這聽起來是不可能的事，可是他只吃水果、喝水，同時狂做運動（想當然爾！）。

在海豹特種部隊的訓練中，他曾經歷一個叫做「地獄周」的訓練，在五天半內只能睡兩小時。當時他們班在冰冷的水中完成練習後，教練下令他們再回到水中。受訓時，在他旁邊的一個隊員茫然地呆站著。這個同學兩眼無神，眼神空洞。海豹稱之為「那種神情」。後來，這個同學轉身離去，退訓了。

海豹看著我，好像我也有「那種神情」。

於是乎我拿出男子氣概。我們穿上運動服，室外是零下五．五度。我真是瘋了才會這麼做。走出大門時，我轉頭對海豹說：「滾你媽的蛋。」

「開始吧。」他說。

23：00

我們開始跑向哈德遜灣。

在他按下手錶計時開跑之前，我央求只要跑四英里，可是他堅持要跑八公里，後來我們出乎意料地以六英里達成共識，然後便開跑了。

老實說，晚上十一點二十五分在西側公路除了我們之外，完全不見人影。沒半個人。

跑步的時候我注意到我兩側肩膀還因為今早的晨練而劇痛，兩隻手臂就在身體兩側晃啊晃的。這個情況持續了半英里，因為這種跑步方式讓大腿痛得要命（不信的話，你不妨兩隻手臂像這樣快跑半英哩看看）。

現在我有一個選擇：是要肩膀劇痛，還是要手臂晃盪跑得像個蠢蛋。我選擇跑得像個蠢蛋，部分原因是因為街上沒有人，不會被人看見。

在五十三分鐘的跑步過程中，我和海豹完全沒有和對方說半句話。連一點聲音都沒有，就像電影《活死人之夜》一樣。他在整個跑步中只說了兩個字：

「回頭。」這是在跑到一半時說的。

跑回去的三英里是悶不吭聲的。跑完時已經半夜。

「明天〇六〇〇開始。」走進我們那幢大樓時他說：「去睡一下。」

訓練合計：跑六英里，一百下巴比跳，十四趟消防員揹負跑。

紐約市

-2～-9°C

06：00

第15天

伏地挺身做不停

既然做了，就要做對。——海豹

我走進廚房時，海豹臉上掛著我從未見過的表情，介於憤怒與困惑之間，讓人皮皮剉。他正在進行激烈的辯論……跟他自己。

「今天多加一點里程，」海豹說。「算了，今天慢跑八英里就好。」他反駁自己。

「不行，想都別想。慢跑六英里，然後再兩英里跑AFAWC。」

他說這話的時候，聽起來像美國家庭人壽保險公司廣告裡鴨子說的「AFLAC」[1]，但其實不是。他說的是AFAWC，意思是as fast as we can（盡可能地快）。

「好啊，你他媽的，我們就跑六英里，然後再兩英里跑AFAWC。」

今天外面的溫度差不多是零下二度，不過我今天決定穿得比較像海豹，只穿兩件短褲和兩件T恤，但是帽子和手套加倍。若是不多加這兩層，我會覺得太輕，跑的時候會飛起來。

開始的六英里是以每英里八分六秒的配速跑，後來海豹在最後兩英里的配速是七分二十九秒。一跑到六英里的標記，他就對我說「要低於七分三十秒」，然後加快速度。他看都不看手錶，設定配速時就像人們在幫汽車設定定速控制那樣。

回到家之後，我剝了兩根香焦浸到蜂蜜裡，差不多十秒之內就把它們給解決了。我拿了一瓶「解渴」沖澡去。剛才輕鬆地跑完步，感覺很爽……不只是因為跑步，也因為我進步的程度。我真是能夠堅持不懈啊。

有趣的是，海豹從沒誇過我半句，這倒也無所謂，我也不是說需要他證實我的進步，不過他的誇讚會很具有鼓勵性就是了。儘管如此，我真的還挺得意的，這個經驗就像是個人意志力的考驗，是終極的「我做得到嗎？」……到目前為止，我認為

1 American Family Life Assurance Company of Columbus，美國家庭人壽保險公司，在使用AFLAC鴨做為廣告主角後業績暴增。

自己是贏家。

我就是這麼認為的。

五小時後……

我們前往拉瓜迪亞機場搭達美航空的班機前往亞特蘭大。莎拉明天要進Spanx總公司，所以昨天我們決定大家一起去。雖然可以坐侯爵包機，但我們通常是搭達美航空。海豹對於搭哪一家的飛機都無所謂，他對我們在哪裡做訓練漠不關心，只要沒有他媽的意外就好。現在我要出遠門的話，至少會在二十四小時之前告知他。我很期待這次飛行，因為這表示我有兩、三個小時可以只要看報章雜誌和聽音樂就好。海豹就只是坐在那裡盯著一架飛機看，我完全猜不出他在想些什麼。說實話，我也根本不想知道。因為我通常不是那種能把場面處理得很好的人。我舒舒服服地坐在位子上，想著要先看什麼。

可是今天坐飛機時情況不同，因為海豹想跟我聊天。

「跟我說說你的事情吧。」海豹說。

「我的事？」

「對，你的事。」

「好啊，」我邊說邊把椅背向後躺到最大的角度。「你想聽什麼故事：（a）大紅公雞；（b）不要讓他們噓你；（c）賣椰子的賴瑞；還是（d）1－800玩伴女郎？」

「誰他媽要聽大紅公雞的故事？」

「唔，其實跟大紅公雞也沒有太大的關係。」我說。

「公雞的故事你自個兒留著吧。」他說：「我選D，靠……就D吧。」

「唔，我是在一九九二年夏天從洛杉磯搬回紐約，就在我明白自己不可能出第二張唱片之後。」我說。

我想自己開唱片公司，這樣就可以簽自己的藝人。我跟朋友史比特合夥，公司名稱叫作里奧特。說實話，這件事聽起來好像很厲害，其實不然。第一，我的經濟情況沒有好到可以租公寓住，所以就睡在朋友的沙發上。第二，我做成的第一筆生意並沒有完全按照計畫走。

我們簽到的第一個藝人是個叫做「克莉絲朵」的女子，她在即將出刊的一本雜誌中間有張裸照插頁廣告。她是麥克．羅斯向我推薦的。也許我早該想到才對，因為他自己拒絕用她。我先是跟克莉絲朵通了電話，請她唱「生日快樂」歌給我聽，當作試唱。從電話裡傳來的聲音聽起來像是得了氣管炎的人在唱「王老先生有塊地」……而且還被勒住喉嚨。然而那個雜誌跨頁……

於是……我同意做了！先邁出這第一步……其他的等以後再琢磨清楚吧！

克莉絲朵已經有一些到位的行銷理念。她與這家雜誌達成協議，雜誌負責宣傳一項行銷活動：只要買唱片，就有機會可以跟她約會一次。這個促銷活動的廣告會夾在雜誌裡面，發給成千上萬的人。我以為光是以臉上冒了痘痘的少年市場來說，這個構想就會是銷量強勁有力的保證。

有個周末我們帶克莉絲朵去我們夏天在漢普頓的合租屋。她肯定沒拿到備忘錄，因為她從頭到尾都是上空的四處走動，我甚至不太確定她有帶胸罩去。滿分若是十分的話，她就拿了十五分。我沒有半個大學同學接觸過像她這樣的人，她就像是電影《摩登保姆》裡那個虛構的變身辣妹。屋子裡所有被壓抑的性能量讓我認為這會是一個絕佳好點子。

我朋友史比特的父母在山間有棟房子，我把所有的錄音設備都搬到他們那裡。我的構想是：我們閉關整整一個禮拜，跟她在屋子裡灌唱片。有一天晚上錄完音之後，我們和史比特的父母一起用餐。

一切都進行得很順利：家常式的閒聊，說一些無關緊要的話。後來史比特的父親說起前一天晚上電視轉播的美國小姐選美比賽。

「他們問決賽者一些尖銳的問題。」他說：「其中一題是他們認為誰是上一個世紀最具有影響力的女人。」

「這簡單啊，」史比特的媽媽說：「艾蕾諾．羅斯福[2]。」

克莉絲朵不發一語，她是一個很好的客人，雖然三十八吋的完美雙峰把她身上的白色 Nirvana T恤撐到極至，但她在餐桌上很安靜。然後，就在史比特的媽媽說出

2 美國總統羅斯福的夫人。

艾蕾諾・羅斯福之後，她決定加入話局了。

「艾蕾諾・羅斯福？？？？我不認為她有那麼大的影響力。」她說。

「為什麼？」史比特的媽媽問。

「唔，她做的不過是跟一個總統上床罷了。」克莉絲朵回答。

我還以為正在大嚼法國魔杖麵包的史比特會被噎死。史比特太太的表情如同有人在晚餐時當著她的面放屁似的；可是史比特先生，上帝保祐他，他把頭歪向一邊，視線略為降低到科特・柯本[3]的臉上。

「她說得有道理。」他說。

我們後來灌好了克莉絲朵的唱片。她在等待雜誌出刊時，決定在曼哈頓一家著名的脫衣舞俱樂部賺點外快。有一天晚上，她撞上（就是字面上的意思）訪談節目《霍華・史德恩秀》的巴巴・布伊，他義無反顧地為她傾倒，並在她跳舞的空檔告訴她要請她去上霍華的節目，於是克莉絲朵把我的電話給他。他打電話給我時，告訴我有一個條件，就是她得全裸上節目。「她從一出電梯開始，就必須全裸。」詢問過克莉絲朵的意見之後，我們約好上節目的時間。

當時我認為應該不惜一切充分利用這次亮相的機會，於是便申請一個免付費的購物電話號碼，一分鐘可以接聽三百通電話。我們的CD每張賣九．九九美元，收入平分。克莉絲朵會在史德恩的節目上宣傳唱片，告訴大家這個免付費電話，然後我就可以輕輕鬆鬆地看著訂單湧入。好耶！！！

克莉絲朵上節目當天，我在家聽廣播，史比特帶克莉絲朵去電台。霍華看到她一絲不掛時，整個人為之瘋狂，他說他從未見過這麼辣的人……前所未見！一切進行得超順利。霍華完全被她吸引，節目趣味橫生，訪談的時間甚至超出原先講好的長度。等他們開始播放她的歌時，我已經開始在腦海裡數鈔票了。然後霍華請她告訴聽眾要怎麼訂購唱片。

我們前一天晚上少說已演練過兩萬次她要如何說了，兩萬次！我就只差把這個免付費電話刺在她的……嗯，手掌上了。可是我在收音機裡什麼聲音也沒有聽到。

霍華．史德恩：「有沒有什麼電話可以打的，克莉絲朵？克莉絲朵？克莉絲朵？」

3 Kurt Cobain，美國知名搖滾歌手。

沒有聲音。

我對著收音機吶喊電話號碼。終於，克莉絲朵開始講話了，可是我的如釋重負瞬間變成了不可思議。對著這個最高等級廣播節目的全國聽眾，她給的唱片訂購專線不是我們練習過的免付費電話，而是我私人的家用電話，而且電話鈴聲瞬間響起。

喔，我的天啊。我在內心大喊道。

儘管我努力接電話，但是根本無法滿足訂購的需求。在我接到的少數幾通電話中，給予的評論從國中程度的愚蠢到性犯罪的內容等等盡皆有之。所以我乾脆一通也不接了。

我的電話沒休沒停地響了整整三小時。然後，就在電話鈴聲好像慢慢緩和下來之際，節目又在西岸播出，於是整個情況重來一遍。結果我們一張ＣＤ也沒賣出去，我被迫更換電話號碼，最後也沒有發行她的唱片。

海豹的臉上露出一絲笑意。我想他喜歡這個故事。

「我從自己的專輯賺來的所有錢，大約是五萬美元，都在辦里奧特唱片公司的幾個月裡賠光了。」我說。

「噗。」海豹說：「那你現在跟克莉絲朵還是朋友嗎？」

18：00

我們在亞特蘭大降落之後去領取行李。我的一個朋友麗莎過來打招呼。她不知道我們搭同班機，我也不知道。我簡短地介紹她跟海豹認識。

「我知道你是誰。」她說。

「是喔。」海豹說。

「我有看傑西的部落格。」麗莎說著給我們一個靦腆的笑容。海豹還是沒有笑，他只是看著我，對我們發出無聲的哼哼，然後看麗莎一眼。

她伸出手，於是他和她握手。

「我也知道你是誰。你就坐在十四C。」海豹說：「坐你旁邊的那個傢伙是黑皮膚，在看《讀者文摘》。我知道。」

麗莎用一種「天啊……哇靠」的表情看著我。

22：00

我們到亞特蘭大的家安頓好之後，海豹把我叫到客廳。

海豹認為伏地挺身是強化力量的單一最佳運動，同時認為關鍵在於做得正確。正確的做十下伏地挺身得到的效果大於不正確的做三十下。

適當的做法是：背挺直，屁股微微上提，頸部挺直（脖子不要往下垂）。下去時手肘呈九十度角，而且胸膛務必要碰到地上，然後再筆直往上提（直到手臂伸直為止）。

我們開始做從一下到十八下伏地挺身，然後再從十八下到一下。所以第一組做一下伏地挺身休息十五秒；然後做兩下伏地挺身休息十五秒，一直做到十八下，接著再往下減回到一下。如果你有在計算的話，這樣一共是三百四十二下。所以海豹讓我再做八下，希望湊滿整數能帶來好運。這麼一來就是三百五十下伏地挺身。

我們在午夜時分做完。

訓練合計：跑八英里（兩回AFAWC）和三百五十下伏地挺身。

最佳位置

我處於警戒狀態，高度的警戒狀態。就算你覺得我沒有處於警戒狀態，我仍是處於警戒狀態。像現在，我就正處於警戒狀態。——海豹

我和莎拉今天晚上有個飯局。我們的朋友在亞特蘭大開了一家很夯的餐廳，叫「南方十度」，我們訂了晚上七點鐘。餐廳有南非狩獵遠征的主題和美食。環境很高雅——不使用餐巾紙，也不打赤腳，但並不顯得裝腔作勢。我們問海豹，他要不要跟我們一起去。

「收到。」

我們開車去餐廳。

我穿著牛仔褲和襯衫，莎拉穿了一件洋裝，海豹穿的是黑色T恤。

他坐在桌子遠端的位置，以便背靠著牆壁。他從那個位置可以看到餐廳的全貌，並告知我們他在監看出口。

「我現在處於最佳位置。」他說。

我們的桌子很靠近廚房門邊，門很重，每一次關上時都會發出低沉的「砰」聲，使海豹握拳跳起來。

「嘿，你沒事吧？」我小聲說：「你跳起來是怎麼了嗎？」

「沒事，我沒事。就是那些聲音。」海豹說。

「是那個門嗎？」

「對啊，就是那個門，把我給搞瘋了。」

「是嗎？」

「聽起來就像是他媽的爆炸什麼的，很吵，而且出其不意。」他說。

「要不要我去跟他們說讓門開著就好？」

「不用了，我會隔絕那個聲音。」

「你可以隔絕聲音？」

「當然。假使固特異飛船在這裡爆炸，而你專心凝神的話，就可以隔絕那個聲音。」

我和莎拉對望，沒有說話。

一名服務生走過來，把菜單拿給我們。他指向菜單上的特餐，並且寫下我們點的飲料。我從沒有見過海豹在餐廳喝水以外的東西。他在家喜歡喝「網路上買不到的」、「軍事級」的特別奶昔，就是蛋白質和碳水化合物的混合，再加上巧克力和香草口味。那就是他的「正餐」，得上一個特殊網站購買。

海豹專注地看著服務生接受我們的點菜。

「海豹，怎麼了？」

他輕聲說：「哼，這個王八蛋。我不信任這個傢伙。」

「這個服務生嗎？」

「是，不論他說自己是誰。」他說。

「我很確定他只是我們的服務生。」

「哪是啊。我以前看過一部電影，所以我他媽一點都不信那個鬼傢伙。」

「你怎麼會這麼覺得？」

「這個嘛，舉例來說，他整個舉止矯揉做作：他的笑容、裝備、走路的樣子、娘砲的笑、那個笑容、那個狗屁的裝扮。」

「我覺得那是服務生的服裝吧。」

「去他的。」海豹小聲說：「這傢伙是個威脅。」

「哇。我一點都看不出來。」

「真的嗎？」海豹的眼睛睜得很大：「你看不出來？天哪，他知道現金進出的時間，知道這個地方什麼時候開門，什麼時候打烊。他和所有送貨員都有聯繫，你信任這裡他媽的送貨員嗎，傑西？」

「我沒怎麼想過這一點。」

「哦，你沒有想過，蛤？」海豹現在臉帶怒色：「你看是誰把東西帶到這個地方的？就是送貨員。他們知道所有的模式。大哥！盯住那個傢伙就是了，這就是我要說的。盯緊那個傢伙。」

我看一看那個服務生，仔細想想，他確實看起來有點鬼鬼祟祟的。

「這裡的每一個人都能幹點什麼事出來。記住這一點，傑西……每一個人。」

我們的服務生端著食物回來。我盯著他把蝴蝶蝦放在桌上。莎拉現在看著這個服務生，眼神感覺上好像也不太相信他了。

亞特蘭大市

14°C

07：00

第16天
忍一忍就過去了

你可以挺過各種訓練的，因為一切都有結束的時候。——海豹

莎拉出門去Spanx總公司時，我跟海豹出門在亞特蘭大跑步。路線很簡單：沿著桃樹路跑三英里，然後轉頭跑回家。亞特蘭大那天的天氣很好，十四度，陽光普照，而且太陽開始升高後，溫度上升的很快。海豹脫掉T恤後，我們便開跑。

桃樹路是亞特蘭大的主要道路。那裡好像有十條桃樹路，我不太確定哪裡是哪裡，反正這條是主要幹道就對了。我對這裡的街道還不太熟悉，所以無論要去哪裡，都是走這條桃樹路，因為我知道走到最後就會到達我要去的地方。

差不多已經到了這裡的尖峰時間，街道上開始擁擠起來，因為紅綠燈的關係，車輛移動的很慢。我們跑步的人行道距離對面來車約是兩呎，如果我跑步時往經過的車子裡面看的話，還看得到汽車駕駛臉上的雀斑。我們的距離就是那麼近。

我感覺得到車陣裡的汽車駕駛瞧我的眼光，這個感覺不太舒服，也使我加快速度

跑。海豹嘛，唔，他才不鳥這些，他全神貫注在跑步上面，所以我想他連一輛車也沒有注意到。可是他不注意不行啊，因為他必須知道自己非常惹人注目，對不？他就像是一座往桃樹路北面的V形非裔美國人體肌肉山，人人都在看他。

莎拉到達Spanx時，聽到辦公室裡到處都在傳說有個怪咖在桃樹路上跑步。莎拉的辦公室約有兩百個女人，其中有半數早上在上班的路上從海豹旁邊經過，所以你不難想像這個消息在辦公室傳得有多快了。

在巴克海德（Buckhead，Spanx總公司所在地）的人有他們典型的穿著打扮。男人穿西裝，基本上都留著同樣的髮型，開同樣的三種車——賓士、路虎（Range Rover）、BMW。當看到海豹穿著又薄又短的運動短褲，身體的每一吋都像是精心雕琢的石雕時，看起來是有點突兀，所以造成轟動。

我的電話鈴響，是莎拉打來的，她小聲的說：「老公啊，這裡的每一個人都在談論海豹，他們很好奇他是何方神聖、是打哪兒冒出來的。我現在要怎麼做呢？要不要說那個『怪咖現在住在我們家』？」

14：30

我們搭中午之前的班機返回紐約的家。

海豹在門口招呼聯邦快遞的送貨員。他的耶誕節顯然提早來臨，對我而言或許也是，因為他幫我訂了我專用的五十磅重量背心，在伏地挺身時穿，同時為跑步「提高困難度」。你還真是無法不愛海豹，因為我自己根本不知道我跑步時需要更高的難度。

「好戲上場，靠！」他打開包裹時跳上跳下地喊道：「好戲上場囉！」

我好像沒見過海豹這麼興奮，從來沒有。他從盒子裡拿出那件背心穿在身上，非常合身。這玩意兒看起來完全就是自殺炸彈客背心的樣子，要是他穿著它走進銀行，保證所有的人都會躲到桌子下，自動奉上保險庫的密碼，完全用不著他開口。

「我們今天就來測試一下。」海豹咧嘴笑說。

我們只有一件背心，必須公家穿，於是我先穿。

我的身上綁著五十磅的重量，跑了三英里。背心的重量不平均，所以重量一直從一個肩膀移到另一個肩膀。真是麻煩，很難跑。

跑起來很痛苦，所以三英里花了三十分鐘。步步都是折磨。

海豹要我把背心給他。我們交換，所以我自由了。他的表情開心到不行，會讓你以為他穿上的是高球名人賽的綠夾克。

我們再跑三英里，他（我們）花了二十二分三十秒。

跑步全程：五十五分三十秒。

全身濕透透！

背後也濕透透！

我回到家後在沙發上睡著了。我真的再也動彈不了。

六十分鐘後……

「去拿背心。」海豹說。

「別開玩笑了。」我說。

「其實，我是說真的。」他說：「去拿背心，王八蛋。」

我緊抓住背心不放。

「我不行了，」我說：「我得照顧拉澤。」莎拉今天晚上有工作，所以我帶孩子的責任加倍。

「帶他一起去。」海豹說：「我們三個今天一起練。」

「可是他才十八個月大。」我說：「而且外面才零下六度。」

「帶他去。」海豹堅決地說。

我讓拉澤穿得暖暖和和的，然後我們就開始跑了。

我穿著背心，背心跟保險箱一樣重。海豹把我兒子放在我們旁邊的嬰兒車上。

我穿著背心跑兩英里半，花了三十一分鐘。
我這輩子跑過上千次，紐約市馬拉松也連續跑了十八次，但這是我這輩子跑得最艱苦的一次。無庸置疑。
我每跑一百碼就靠邊蹲下來調整一下背心。我試著移動重量，拯救我的兩個肩膀。這個重量真是要我的命，我再調整一次，但沒有路用。公園裡的人開始盯著我

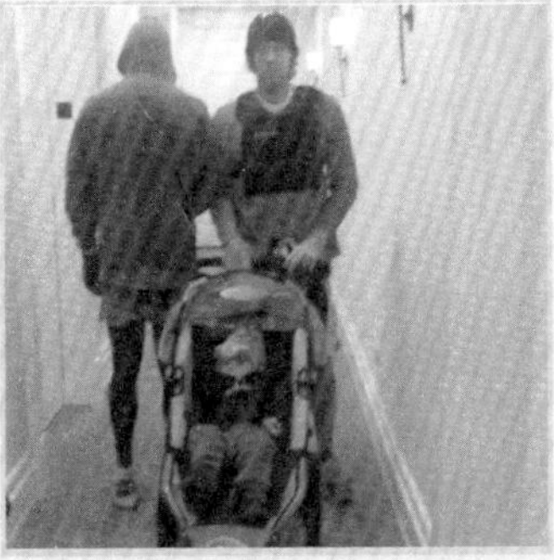

拉澤加入訓練陣容

瞧，想知道我有他媽的什麼毛病。他們也想知道這兩個大男人在零下六度穿著重量背心、推著一個娃娃車在搞什麼鬼。

我知道才怪……我知道才怪……

這時我無可奈何；調整重量再也無法提供短暫的緩解。我不行了。

「我們到底在搞什麼？太扯了。你不知道這樣會搞死我嗎？」

「放輕鬆，傑西，你必須知道一切終有盡時。只要一旦開始做這件事，它就會有結束的時候。」

我們交換。海豹穿上背心。

我們又跑了兩英里半。

而且速度很快。

20：00

我餓到前胸貼後背，至少得補充一萬卡路里才夠，因為今天我燃燒掉了一萬卡路里。

「海豹，我要叫點東西來吃。你要什麼？」

「我不用。」

「得了，你一定餓得很吧。」

「不用，我不餓。我吃得少。」

我叫了三人份的晚餐外賣，然後吃了起來，用最快的速度大口大口吃，可是肚子還是餓。海豹在回房間時順便拿了一根香蕉和一些杏仁。

「明早見。」他說。

我在滿嘴食物的情況下盡量清楚地說出「回見」，結果說話的時候，食物噴出了我的嘴巴。兩、三分鐘後，莎拉打電話來查勤。她要跟拉澤說話，拉澤對著電話含糊不清的叫著「媽媽」。我把電話拿開，對拉澤尚未學會「救命！」二字感激涕零。

「一切都很好，老婆……完全都在掌控之中。」

訓練合計：跑十七英里（有五．五英里是穿著五十磅重的背心）。

紐約市

-7.7°C

05：00

第17天

自殺炸彈客

要是哪個混蛋看起來很瘋狂，通常他就真的是瘋了。——海豹

我們走進健身房時，史汀沒有在裡面，可是鮑勃．柯斯塔斯[1]在。他在跑步機上盯著小螢幕看新聞。我經常在健身房裡看到柯斯塔斯，也喜歡在中間休息時跟他聊聊運動比賽。

海豹開始像婚禮企畫師設置接待中心般安排健身房。他在一個區域安排仰臥推舉，然後拿起槓鈴移到另一區。他快速評估之後，在另一個位置攤開一塊橡膠墊做仰臥起坐用。不久，我們就有了設計完美的各種路程。

他告訴我程序，然後就開始進行。

啞鈴臥推：三十五磅重做十五下，四十磅做十二下，四十五磅做十下，五十磅做八下，五十五磅做六下。

接著做坐姿划船：十五—十二—十—八—六（中量），共五十一下。

然後做肩部推舉：四組每組十下（中量），共四十下。

再來是做三頭肌下推：十五—十二—十（輕量），共三十七下。

彎舉：十五—十二—十（二十五磅的啞鈴），共三十七下。

仰臥起坐：五十下……休息一分鐘……再做五十下仰躺踢腿：四拍踢腿（基本上是四秒鐘踢一下……這樣等於一下）。

柯斯塔斯現在已經對那台小電視而不見，注意力全放在我們這裡。我沈默而飛快地做這些項目。這些鍛鍊開始具有精確度，意思就是說……海豹真的開始專注於我的體格，而我也終於適應做這些鍛鍊了。我想柯斯塔斯已經注意到我的進步，至少我認為他注意到了。我拿起毛巾，我們離開健身房。

海豹拍拍我的背說：「幹得好。」

這是我得到第一個真正的讚美！

---

1 Bob Costas，體育比賽轉播員。

06:50

我早上七點得到辦公室參加早餐會議（好吧，是跟我開會的人會吃早餐，我吃的是水果），海豹要我今天穿著重量背心去上班，他則穿著向健身房那個傢伙借來的重量背心。我穿在西裝裡面，海豹則是把背心套在T恤外面。

我們繞著哥倫布圓環走向我位於公園大道上的辦公室。這段路走起來不錯，只是我們今天太招搖，我想是因為我們兩個活像是艾布拉姆斯（J.J. Abrams）執導電影裡的自殺炸彈客。一黑一白兩個人並肩走在公園大道，一副準備為炸而炸的模樣。我們是有目的地走在街上。

「以後就這麼做。」海豹說。

我有一點被嚇到，不是因為背心的重量，而是因為我在想我們會被警察給擋下來。九一一還縈繞在人們的腦海，而我們看起來又一點也不正常。我擔心我們會被喝住，叫我們不要動，舉起雙手，我會被認識的人看見。我們繼續走著。

在紐約時我們每天都是走路去上班，途中會發生一些奇怪的事情。我和海豹在一起時大部分都是在練身、準備練身、練完身後休息、或者是討論練身，不太有什麼寫意愉快的時候，但也不全然是悲慘痛苦（雖然大部分是），只是就也沒什麼閒聊。

然而，在走路去上班時情況卻有一點點變化。只是一點點而已。

今天他問我的錢是怎麼用的。這個意思是說，我會把錢拿去投資嗎？會投資房地產嗎？還是股票？他在當兵時存了一些錢，所以對於該怎麼處理這些錢感到好奇。我想他這一點倒是挺「人性」的！

我沒有把我的投資組合告訴他，但引述老婆所說關於錢的話。「賺錢有趣，花錢有趣，捐錢也有趣。歸結起來就是這樣。」他很喜歡這句話！看我的樣子彷彿是莎拉寫出林肯總統的蓋茲堡演說稿，而我剛才把它朗讀了出來。「說得真好，莎拉。」他說。

於是，我再跟他多說一些。「莎拉也喜歡把錢想成放大鏡……如果你在有錢以前是個好人……錢就會使你成為更好的人。假如你在有錢以前是個慷慨樂施的人……那麼錢就會使你更加慷慨樂施。可是如果你在有錢以前是個混蛋……那麼，錢就會讓你變得更混蛋。」

「這個說法他媽的真有詩意。」海豹說：「莎拉這個人很實在。」

我們齊步前進。

閒聊的內容擴大，我明顯看得出來海豹真得覺得街上有些行人非常可疑。

他突然說道：「過馬路。」接著說：「今天第五十一街的情況不太對。」

我的反應是：**真的假的？**

有一天走路去上班時，海豹讓我們一路走到西側高速公路，往南走到第五十七街，再回頭往北走到我的辦公室，一來一回多走了二十分的路程。

「我們今天離川普塔遠一點。」他說：「川普最近在新聞上曝光太多了。」

我們在路上也聊一些運動比賽，他忍受我每天問他的十萬個為什麼。雖然我問他十萬個問題，可是他連半個問題也沒問過我。他無法和我在商業方面的成就產生共鳴，而我在體能方面也無法有什麼可以打動他的表現，因為他做的時間更久、更快、難度更高。所以他真的沒有什麼可問我的。

所以當海豹問到錢的事時，感覺有一點點怪。看得出來他純粹是出於好奇，而不像是另有所圖。他只是不了解我是如何過這樣的生活罷了。你可以想像要是我們兩個交換過一個星期會是什麼樣子嗎？就像一部迪士尼電影裡演的那樣，我們兩個神奇地互換身體。我不認為我們倆有人能立刻發揮功能，但我相信到第二幕結束時，我們兩人都會從彼此身上汲取到寶貴的經驗。

海豹會笑說他的生活是多麼簡單，而我的生活卻是那麼的複雜。我每天有一份當天的電話名單、工作日程表、公事包、約會等等，他則是拿著他的軍人證和五十美元，他一天的生活就只需要這樣，而那就是他的全部。他沒有車，沒有房，沒有任何牽絆他的東西。我隨便飛到哪裡去度個周末，總是得託運行李；而他到我家時就只帶一個背包。要在我家住三十多天，卻只有一個背包。我們的衣櫥裡放滿了從來沒用過的東西、數不清且從來沒有看一眼的照片、一堆堆積滿灰塵的檔案。而他是保持簡約的大師，我不得不說他的簡單很吸引我。我有點想要他有的東西，但同時也想要我已經有的東西。

海豹讓我思考我自己的生活以及他的生活。我的生活目前似乎是超級需要用心謀畫，真的是很複雜。你成了多頭馬車。我知道這聽起來是陳腔濫調，但是旅行的過程真的遠比目的地重要。一旦到達目的地，大部分的魔法就結束了。我真的可以把自己定位為極簡主義者，順其自然地生活。

我喜歡早上和海豹一起走路的時光。

14：00

我丟了兩個蔬菜漢堡到微波爐裡，再切一點生紅蘿蔔做配菜當午餐。海豹在房間裡講電話，我不知道他在跟誰講話，可是他是刻意保持安靜。他還沒講完電話，我已經把兩個漢堡吞進肚子了，於是再丟兩個到微波爐裡。

「結束了，」海豹說：「時間到。」

我們下樓至健身房，展開今天第二回合的鍛鍊，在跑步機上間歇跑步。我拿了一條毛巾放在跑步機的把桿上，因為我知道我用得到。

傾斜十二度走五分鐘（速度三．五）。

用速度六．二走二分三十秒。

用速度八．七走二分三十秒。

用速度六．三走二分三十秒。

用速度八．八走二分三十秒。

我抓起毛巾擦掉額頭的汗水，汗珠開始往下滴，落到跑步機上，跑起來超滑的。我相信等我開始快跑時，肯定會像動畫片《傑森一家》裡的爸爸喬治．傑森那樣飛出去。

用速度六．四走二分三十秒。

用速度八．九走二分三十秒。

用速度六．五走二分三十秒。

用速度九．○走二分三十秒。

走五分鐘緩和身體。

一至三十個伏地挺身（時間：四十一分鐘）。

跑到一半時，我開始覺得肚子裡的漢堡可能會吐出來。我有一點點抽筋，但又覺得可以跑完。抽筋部位從肚子的側邊轉到中間，我想可能是脹氣的緣故，於是去壓它，果然是脹氣沒錯。再用力壓一下，然後屁股就冒出很大一聲「噗ㄨㄨㄨ」，猶如從我的身體裡突然發出一聲響雷。

海豹看著我，用和我的屁同樣的音高說「噗ㄨㄨㄨ」。我繼續跑，但開始在跑步機上笑得歇斯底里。海豹就站在那裡緊盯著跑步機上電子儀表板上顯示的我的速度。沒有笑容，也沒有笑聲。

九十分鐘後……約15：00

我想去麥迪遜大道上的精品百貨公司巴尼斯幫莎拉和拉澤挑選禮物，因為耶誕節快到了。海豹與我同往，因為他如影隨形地跟著我。海豹建議跑步到那裡，可是我告訴他我不想在逛街時汗流浹背。

「哦，那我們可以跑步回家。」他說。

「可是到時候手上會提著大包小包的東西。」我說。

「不管了，我們就跑步去。」他說。

於是我們跑步穿越市區到巴尼斯。因為是要在紐約上東區買耶誕禮物，我想讓自己看起來體面一點，便穿著比較好一點的跑步裝束跑步，手裡拿著信用卡和一張二十元鈔票，以防需要坐計程車回家。到達百貨公司時，我的汗水已經滴下來，而海豹看起來卻像是搭計程車來的，全身清爽無瑕。

我對海豹說：「我們速戰速決，直奔珠寶區。」老婆大人當然什麼都不缺，可是她絕對需要看到我的心意。若說我從婚姻裡學到什麼，那就是重要的不是禮物，而是心意。跟海豹有點像吧，我想。

我們看著玻璃窗裡的珠寶首飾時，我問海豹喜歡什麼。「拜託，這玩意兒在我看來是沒有意義的。誰會用好幾星期的薪水買一條金蛇掛在手腕上？」

他說得有道理。

「我的意思是說，你工作了一百二十小時，然後把賺來的錢去買一支手鐲來戴？這對我來說是頭殼壞掉。」

很有道理。

我拿了幾樣東西（心意！），請售貨員包起來，然後把禮物放在袋子裡。我手裡有二十元，但顯然我們還是跑步回家。一隻手臂上掛著巴尼斯的袋子直接穿越市區。這是額外多跑的里程。跟之前一樣，真是瘋了。兩個大男人拎著一個巴尼斯的袋子跑步穿越曼哈頓。

訓練合計：跑三英里（在跑步機上間歇跑二十五分鐘），四百六十五下伏地挺身，五十下仰臥起坐，五十下踢腿，還有「海豹式循環」：臥推啞鈴，坐姿划船，肩部推舉，三頭肌下壓，彎舉。

紐約市

-6°C

07：00

第18天

只差五分鐘

別讓自己過得太舒服。絕對不要。——海豹

奇蹟中的奇蹟，早上休息。

「嘿，拉澤。」我對坐在高腳椅裡的他說：「你覺得爸爸今天早上不上班在家陪你玩怎麼樣啊？」

拉澤的笑容照亮了整個房間。

我們先從他的玩具公仔玩起，然後再認真地堆積木玩。在那幾個小時裡除了怎麼造一座更高的塔樓之外，我什麼都沒有想。

「我們該不該把它推倒啊？」我問拉澤。

他臉上的笑容還沒有完全展開，積木塔樓就轟然倒塌。

「我們再來蓋一次。」我說。

11：45

海豹走進來，提醒我快到中午了，今天中午十二點半跟「解渴」的營業部有一個會要開。我在兒子額頭上重重地叭唧一下，然後和海豹出門。

我穿著冬季外套，戴著尼克隊的針織帽。海豹穿T恤和牛仔褲，我們走路去上班時，他聳著雙肩，兩手插在口袋裡。想必是覺得冷吧。這種情況在他來說還真是非比尋常，我之前從未見過他這樣。

今天是走直線去辦公室，這情況同樣非比尋常。莎拉說服了海豹穿著重量背心走路的做法不好，所以我們今天看起來和一般老百姓沒兩樣。我猜海豹是不認為途中會發生什麼必須在當下解決的事情，或者他可能覺得迫切需要改變我們的模式，這樣比較不太可能被偵測到。不論原因為何，今天我們是如同正常人般通勤——一路直達公司。

我們走到第五十七街和百老匯的轉角後，等候行人通行的燈亮。「你有沒有為你要參加的那些會議擔心過？」

「絕對不要讓他們噓你。」我說。

海豹抬高了一邊的眉毛。

「不論如何，絕對不能讓他們『噓』你。你得控制整個局面。」

他的肩膀立刻垂落到正常的位置，並且問說：「這話是什麼意思？」

「我可以跟你說個故事嗎？」我問。這時行人通行號誌亮了。

「當然行，只要不是大紅公雞的就行。」他說。

「好。就在我的MTV在《MTV饒舌》節目登場後，我展開巡迴演唱，為我的CD造勢。我的第一首單曲《像白人女孩一樣搖擺》開始在全國性的廣播電台上播放。在巡迴演出的路上，我接到麥克・羅斯的電話，他說有人問我能不能在亞特蘭大舉行的『促進和平』慈善義演上演出。這個活動顯然是要讓非裔美籍歌手和白人歌手共聚一堂，做一場大型義演。其中一些規模最大的節目已經確認好，我猜是香草冰（Vanilla Ice）那天沒有空檔，因為他們找我做『白人』代表。

這場表演是在亞特蘭大市區的喬治亞巨蛋體育館舉行，他們用巴士把約兩萬五千名來自亞特蘭大各地的小朋友送到現場。我早知道這群觀眾很難搞，然而他們比我想的更惡劣。那些小鬼很沒有規矩，在看台上打架不說，還有人往舞台上丟大便，後來主辦單位不得不關掉館內的燈光以控制觀眾的情緒。而且……他們見人就噓……我的意思是說他們見一個噓一個。簡直就是有病。

就在該我上台前不久，歌手LL酷J上台了。因為他當天晚上還有另一場現場演出，必須搭飛機趕過去，所以他們不得不把他演出的時間提前。可是亞特蘭大的歌迷們……噓LL。我當時心想：『要是這群觀眾連LL都噓的話，那我的麻煩可就大了。這個麻煩特大。他們在噓LL，那我還要上台去唱我的歌《像白人女孩一樣搖擺》嗎？我想不出該如何處理這件事才好。我不想上台，渾身難受得很。

節目主持人介紹我時，情況更慘。

『各位先生女士……這位歌手是從加州洛杉磯遠道而來……為我最欣賞的歌手拍手……傑西．傑せ米ー斯。』

鴉雀無聲。

一片沈默。

我看得見第一排觀眾的眼白。他們很不爽，我不知道他們是在不爽什麼，但他們就是很不爽。

在觀眾還沒來得及發出噓聲前，我就冒出了一個瘋狂的想法。唱片公司給了我一些T恤免費發送，我拿起後台音效師手上的無線麥克風，同時也拿了一堆約有上百件的T恤，拎著它們走上台。

『喬治亞州，亞特蘭大，你們想不想要免費的東ㄙㄙㄙ西？』我對著觀眾大聲喊說。

『要！』他們尖聲叫喊。

『後排的人你們都想要T恤嗎？』

『要！』

『我左手邊的人呢？』

『要！』

我一直丟出T恤，直到發光為止。

然後，在有人來得及反應之前，我說：『晚安，亞特蘭大。我愛你們大家，請大家欣賞後面的演出。接下來是塗鴉合唱團（Color Me Badd）的表演。』然後我就走下台了。

我一個字也沒有唱，可是我也沒有被人噓。記得你搬來跟我住的第一天，你告訴我要『控制我的意志』」，現在我告訴你的是，在生意方面……要『控制局面』。」

「傑西你超屌的，哇操傑西！你抓到要領了！！！這就是我要說的意思，哇操。我就是這個意思。」我們走進辦公室大樓時海豹說。

13：00

走到我的辦公室時，我問海豹可不可以讓我獨處一下。白天他通常會坐在沙發上看我打電郵，但今天下午我想自己一個人。我只是想坐在椅子上思考。

於是海豹拉了一把椅子放在我辦公室門口，關上門，像守衛倫敦王宮似地坐在我辦公室門口。要是有人要問我關於「解渴」的問題，就得先通過海豹那一關。

早上停練給我的感覺就像是休假一個禮拜。我坐在椅子上向後仰，開始思考和海豹在一起的所有事情。我在心裡回想過去這些日子……ZZZZZZZZZZZZZZZ——我睡著了，就是口水從嘴角流出來那樣地睡著了。三小時後海豹進來叫醒我。

「我們走了吧。」他說。

19：00

我和海豹晚上走進我家那幢大樓的健身房時，二十四歲的姪子尤尼正要離開。他經常來這裡的健身房，所以我三不五時就會像這樣遇到他。看到他總是令我開心，通常我們就是擊個掌、擁抱一下、簡短地聊一下近況，說些「拉澤好嗎？」和「工作好嗎？」之類的。

尤尼的身材好得出奇。他十八個月前從佛羅里達州搬到紐約時體重兩百四十磅（約一百一十公斤）。我不知道是因為紐約的女人還是什麼緣故，反正他就是靈光突然一現，決定健身，現在他大約一百七十磅（七十七公斤），身材健美，肌肉壯壯，跑過好幾場馬拉松，成為健身控了。

「來吧，尤尼，跟我們一起做。」海豹說：「我們要做伏地挺身。」

「我也想，可是我今天早已經跑過步，剛才游完泳，所以還是謝了。」

海豹對著我姪子的耳朵輕聲說了句話。不知道他說的是什麼，不過尤尼的表情從一派輕鬆轉成眉頭深鎖一臉蒼白。不管海豹說的是什麼，都影響了我姪子，所以他決定加入我們的陣容。

「我們要做的是這樣，」海豹說：「每四十五秒鐘做十二下伏地挺身，連續做二十二分鐘，然後十五下引體向上，接著休息兩分鐘，然後是二十下伏地挺身，三下引體向上（五組），然後是踢腿一百下。」

「我應該提早五分鐘離開才對。」尤尼低聲說。

練完之後，我們在大樓裡的餐廳快速填一下肚子。餐廳有點高檔，我們在後面找了一張桌子，點了一些清淡的開胃菜。談話的內容集中在尤尼身上，以及他的訓練做到什麼程度，到後來話題就延伸得遠了。

海豹有點在說服尤尼辭掉他為一家大型旅館連鎖店經營社交媒體的「爛」工作，去加入海軍。而且……我那個蠢蛋姪子還真信了他的話。然後話題繼續延伸。現在海豹在說服他相信他可以通過海軍海豹特種部隊的訓練，成為海豹特種部隊，還舉例說出那些條件和基本的體能測驗。接下來話題延伸得更遠。

「靠，咱們現在就開始動手吧。」

這兩個笨蛋傢伙決定出去跑步。

我先上樓去。大約九十分鐘後，海豹回到家。

「尤尼呢？」

「不知道，他跑到第四英里時落後約一百公尺。」

九十分鐘後……

尤尼走進我家，看起來狼狽到不行，外套上有嘔吐物，臉色慘白。他看起來脫水了。

「我覺得我還是比較適合當社交媒體人。」他說。

訓練合計：三百六十四下伏地挺身，三十下引體向上，一百下踢腿。

紐約市

-2°C

07：00

第19天

我的肩膀啊！

你永遠都可以撐下去。——海豹

我們去中央公園的環狀步道。我真想躺在床上和莎拉一起看《今日秀》的開場，可是我現在和海豹鍛鍊的節奏很好，也不想放鬆。再說，他和我在一起的時間只剩下差不多一個星期了。

今天的目標聽起來很簡單：以低於八分鐘的配速跑六．一英里，沒有慢於八分鐘的里程。

可是還沒跑到一半，肩膀感覺就像是上面坐著饒舌歌手肥仔喬（Fat Joe），簡直是痛到一個不行，這是十天做數千下伏地挺身的後果。我跑步的時候真的無法擺動兩隻手臂（我可沒扯謊），因為肩膀痛得實在厲害。

於是我最後約三英里是甩動兩條手臂，看起來活像《綠野仙蹤》裡的稻草人在跑步。前五英里最慢的配速是七分四十五秒，最後一英里是八分〇八秒。海豹看著我的表情就像我在戰場上把他給丟下似的。

四小時後……

我要跟一家大型連鎖旅館的高級主管開會。我不太確定這個會議的內容，可是這是我朋友科克．波斯曼特安排的會議，因為他認為我或許可以幫助這家連鎖旅館。科克有一家公司叫做「艾克塞斯精品與生活」，他是最擅於把生活中的點連成線的天才，要是科克說值得開個會討論一下，那就值得開會討論一下。

我請海豹一起參加會議。

沒有換衣服的必要，主要是因為海豹也沒有衣服可換。於是我們穿上看起來可笑的重量背心（海豹再度堅持要穿上它們），然後便從家裡出發開會去。到達時，科克和四個穿西裝的傢伙過來和我們打招呼，他們個個看起來都比我體面多了。我絕對沒有做好開會的準備，事實上，我還有一點小緊張。

「背心不錯。」科克說。

「噢，是舊的，」我哈哈笑說：「隨手就穿上了。」

他們一臉茫然。

我立刻介紹海豹，並解釋他和我同住一個月，我到哪他就到哪。

「等等……是海軍海豹特種部隊的海豹隊員嗎？」一個布魯克斯兄弟公司的人問。

「是哪種訓練？」穿著普拉達西裝的傢伙問。

「住在你家嗎？」我還來不及回答任何問題，穿著毛衣背心的那個傢伙又插入一個問題。這些傢伙就只想談我們的鍛鍊以及我為什麼要請海豹來，他們看我的樣子活像我才剛發明了網際網路，讓他們驚嘆不已。現在的情況就像是紐約證券交易所裡的一支股票暫停交易，所有業務都停擺。他們全都對我們的精力甘拜下風，不停地發問。

兩小時過去，完全是一片狂熱的問答氣氛。會議結束時他們對我說：「要是你幫我們想到了什麼，請告訴我們，我們想跟你合作。」

海豹好像是個秘密武器，是最佳終結者。我逐漸瞭解海豹對其他人的魅力有多大。穿西裝的男人拜倒在海豹這樣的男人腳下，還有他的敬業態度，他的鍛鍊，他的過去，所以……便間接地對我也就比較有興趣了一點。

19：00

今天晚上我公司舉行耶誕趴，海豹當然受邀同樂。我不太確定他想不想去，可是他還是來了。他理應參加；只要他到場幾乎就保證凱文·賈奈特會來。我們大家要慶祝的事很多，今年是成果輝煌的一年。

這是場低調的晚餐，十二個員工都全體到場。我有點擔心，不知海豹在社交場合會如何與別人相處。我的意思是說，他很有可能會坐在那裡一言不發，像獅身人面獸似的。他每天跟我去上班，但從來不跟任何人講話。從不。他從不登入電腦，從不看報紙，就只是坐在那裡等時間過去，我簡直就像在辦公室裡放了一件藝術品。我知道他受的訓練是要脫離3C生活，但這也未免太離譜了點。不但是我這麼覺得，每個和我一起工作的人也都這麼認為。海豹有一次告訴我，出完任務回來，別人可能就是坐著抽根菸解壓，他則是去跑步。在出了二十四小時的任務之後，他就會練身體。

後來我發現用不著擔心海豹今天晚上和別人的互動，因為他有吃食物的任務。

我知道海豹的飲食習慣比我原先以為的更複雜。他有兩個星期幾乎不太吃東西，只吃他的軍事級奶昔，可是今天晚餐時，他吃東西的樣子活像碎木機。牛排、魚、水果、蔬菜，凡是你說得出來的——他都一股腦吃下肚。除了甜點以外無所不吃。

「我為什麼要浪費熱量？」他說。

我的同事們看起來比平常上班時輕鬆，或許是因為雞尾酒的關係吧。他們全都被海豹迷倒了，問他數不清的問題，但是得到的回答都只有一個字。他們被他的氣勢震住，卻又為之著迷。就好像人人都想坐他旁邊，但又沒人想坐在他旁邊那樣。聚會裡大部分的人都有密切注意我部落格的內容，所以他們知道要問什麼，但又怕問出口。

「呃，對不起，可以告訴我你覺得到目前為止哪一次的鍛鍊最難嗎？」

「不好意思打擾一下，你可不可以說明一下——十八是什麼意思？」

「如果可以的話，可以跟我說一下波士頓的故事嗎？」

我那些同事發問的樣子，有如在會議室對著我們的潛在顧客推銷產品。情況就這麼一直持續下去，而他就一直不停地吃。結果，海豹吃下去的食物占當天晚餐帳單金額的百分之七十五。

真是驚人啊。

另一方面，我們在餐會上提供了清酒，因為我喜歡喝清酒。我喝了一杯，接著再一杯，然後又一杯，一直喝了八杯（唔，說不定有九杯！）。

開戒啦！

十八天來的第一杯酒。

十八天來我感覺最爽的時候。

海豹對此平靜以對，他讓我做自己的事，而他也在享受橫掃所有食物的樂趣。

但這種歡快的感覺並沒有持續下去。

回到家之後，我當然需要睡覺。我早上六點起床，練身體，工作十一個小時，然後參加派對，還喝了那麼多酒。我迫不及待想上床，身體和大腦達成共識。這一天該結束了，可是直覺告訴我還沒有，這有點像小學三年級時，你看著窗外在一夜間累積了一吋積雪，你希望學校會放假，可是卻又心裡有數。所以不論我的大腦和身體想的是什麼，我都去房間拿短褲和運動鞋。

海豹笑了。「你知道我們還是得做的，對吧？」

「對。」

我有點醉意了，在小醉的時候做伏地挺身別有一番滋味。其實起初我認為做起來是比較輕鬆的，剛開始做的那幾下很好玩，好像根本不知道自己在做，酒精和上上下下的伏地挺身動作混合成一種更強烈的醉意。可是一直做下去之後，這股醉意就變成了要命的感覺。

我設法克服這股難受的感覺。我們每分鐘做十下伏地挺身，連續做二十分鐘，也就是兩百下。在紙上寫「兩百下」很容易，但是實際去做可就是另一回事了。我不知道四十幾歲的人平均能做幾下伏地挺身，不過我猜一次大約做二十下左右。做兩百下可是個了不得的數目。不容易啊。

我上床，打開《體育中心》節目。我沒力氣了。

訓練合計：跑六英里（每英里配速不到八分鐘），兩百下伏地挺身。

紐約市

0°C

06：00

第20天

當秒針再度走到十二時，重新開始

肚子餓的話，就跑快一點，這樣會比較快到家。——海豹

我起床走向廚房。外面烏漆嘛黑烏雲密布，看起來酷冷，可是溫度計上說是零度。我望向窗外的哥倫布圓環，完全不見人影。那裡看起來就像一個沈悶的老電影場景。海豹已經坐在廚房一個台子的凳子上，就只是坐在那裡。

「我們今天早上的重點就是做基礎鍛鍊，伏地挺身和仰臥起坐。一切從基礎開始。」

確實沒錯。

和海豹在一起的時間讓我相信花錢加入花俏的健身房會員的日子不多了。全方位的健身訓練和街頭健身未來將大行其道，你真正需要做的只是持續做伏地挺身和仰臥起坐的例行練習，就可以看到讓人驚奇的效果。

我還有另一個看法。你可能健身但身體不健康，但如果不健身身體是絕不可能

健康的，意思就是說……你的外表可能看起來狀態很好，可是如果飲食不均衡，也不好好照顧身體的話，就未必是健康的。歷史告訴我們，有很多運動員的身材都很好，但是卻突然心臟病發死亡。「均衡」就是關鍵所在。

我也相信身體處於非常良好的狀態需要包含許多要素。對初級者而言，必須要有耐力，同時也必須有爆發力、彈性、能夠跑跑停停的衝刺和長距離跑步。你需要全套的訓練。

所以，一切回到基礎訓練。

我做十下伏地挺身，接著盡可能做仰臥起坐，直到秒鐘再度走到十二，然後重新開始做伏地挺身和仰臥起坐，就這樣不停地重覆做三十分鐘。鍛鍊結束時，我的核心肌群、胸部、三頭肌都累死了，而且心律加快到一百五十五、六。

這就是全套的訓練。

13：00

我的朋友布萊恩·弗萊德到我家坐幾小時。我跟弗萊德認識很久了，他是我們的

「快樂星期三」（我們有六個人每星期三一起跑步，因此得名）成員，他也是一個職業自由車手，身體練得很棒。我想海豹是待在他的房間裡，但我告訴過他我有朋友要來，所以我想他應該會出來打個招呼才對。

「這裡比你第一間公寓好多了。」布萊恩舒舒服服地坐在我的沙發上說。

「確實。」我說：「可是那個地方更吸引人。」

「你什麼時候住在那裡的？一九九三年？」

「是啊。」

那間公寓位於第一大道和約克大道之間的第六十街，那還是在第五十九街大橋區翻新之前的事。那裡其實是人妖賣淫的勝地，每天晚上從酒館回家的途中都是一個冒險。住在那裡的第一個禮拜，我根本不敢在街上和人對視。才過了一、兩星期，那裡所有賣淫者就知道我和史比特（我的室友）沒有在找伴。唔，應該說我們沒有在找那種伴才對。我們之間立刻和平共存，只不過那個小房間並不是麗嘉酒店，得爬一百六十二個階梯才能到我們那間一百五十平方英尺（約四．二坪）的公寓。我睡在一個六英尺（約一八〇公分）高的閣樓裡，不能在床上坐起來，而且得爬一個小小的梯子才能到我的墊子上，要上床得用滾的才行。可是現在回想起來，我在那裡絕對度過了最美好的時光。那種感覺就像是睡在船上，我一個月付三百五十元，史比特付四百一十七元，我們在那裡住了兩年。

公寓的客廳當時就是我的辦公室。

我買了一台電視，它是裝在一個大紙箱裡送來的，我就把箱子翻過來當辦公桌用，而光是這個箱子就占了房子一半的空間。我把所有的電話號碼、日期、約會都寫在箱子上面。公寓裡唯一的規定就是不能在我的桌上喝東西，因為那個箱子是我全部的生命。我一直留著它，因為它太有條理了，我知道的每一個人的電話號碼都在哪裡，我知道我的每一個商務約會在哪個位置。

當時的我喜歡過著努力奮鬥的藝人生活；我的心態是發揮創意，自食其力；在自己所處的形勢下過得快活；成天打電話或是有工作的話就去錄音室，晚上就去泡酒館。

我和布萊恩坐在沙發上說說笑笑，這時海豹走進來和布萊恩握手。我覺得海豹想要秀一下到目前為止他鍛鍊我的成果，因為他說：「咱們來快速做五分鐘伏地挺身吧。」

我和弗萊德同意了。

海豹掏出手錶，我們就開始了。錶盤到三十秒時我們做了十下伏地挺身，三分鐘之後，弗萊德減少到七下，我則保持同樣的速度。五分鐘過去，我們做完了，我可以完全做到，可是弗萊德累斃了。海豹頗為他的學生感到得意。

21：00

我正在舒舒服服地看體育電視台ESPN，海豹卻把我從沙發上拖起來。

「我們來跑一個緩和的。」他是這樣說的。

對海豹而言，緩和跑就是跑八英里；但是對我來說，緩和跑是我現在最不想做的事。我穿上衣服，啵一下莎拉。雖然我們已經練了好幾星期，但是她看得出來我很累，而且今天已經做過很多次鍛鍊。她看得出來我不爽。「老公，這真的太離譜，你練得太過火了。」

我們穿過中央公園跑到哈林區，繞過第一百二十五街再開始往回跑。

這趟跑步有三個重點：

一、跑了三英里後我問海豹他有沒有兩塊錢（我們在整趟跑步中只說了這句話）。他說：「要幹嘛？」我回答：「我一整天都沒有吃東西，需要一條能量棒或一根香蕉。」他說：「還剩下五英里。肚子餓的話，就跑快一點，這樣會比較快到家。」

二、跑步時，海豹聽到附近樹林裡有一隻狗叫的聲音。我什麼也沒有聽見，但是海豹顯然聽力超敏銳。海豹小聲對自己和對那隻看不見的狗說：「你試試看，王八蛋。我是說真的，你有膽再試試看。」老實說，他說話的樣子聽起來倒像他真的希望那隻狗攻擊他似的。算那隻狗識相，我們根本沒有看到牠。

三、紐約市有成千上萬的人，真的是數以百萬計，可是今天晚上在整個中央公園卻只看到另一個人在跑步。我們晚上十點二十五分到家，在我們那幢大樓的門口，海豹對我說：「重要的不是你做什麼，而是什麼時候做以及你做的方式。重點在於你的狀態。記住這一點。」

十分鐘後……

我們必須抓緊時間，因為我們得去機場，前往亞特蘭大做一次閃電之旅。莎拉早上有個會要開，要我們陪她去。我想待在紐約工作，可是海豹提醒我：「大哥，這個家做主的人不是你。」他說得對。如果老婆要我滾到亞特蘭大……我們就滾到亞特蘭大。所以我們連夜搭飛機去。我們的計畫是去那裡，然後在短短二十四小時之內再飛回來。

訓練合計：跑八英里，四百下伏地挺身，五百五十下仰臥起坐。

可疑的白色廂型車

我可以連續好幾個小時都坐著不動，就只是等著。——海豹

隔天早上我看到海豹在我們亞特蘭大家的窗台旁一動也不動地坐著。太陽還在往上升，他望著窗外的什麼東西，也許是在看日出，不過我也不是很確定。他默不作聲，我走進廚房時，他甚至沒跟我打招呼，眼光鎖定在外面空蕩蕩的街道上，目不轉睛地看著……

我打開冰箱，倒了一些果汁在玻璃杯裡，還故意搞出聲音來，但他理都沒理我。完全沒有。他動也不動，就只是目不轉睛地看著……

「沒事吧？」

「沒什麼。」海豹說。仍舊目不轉睛地盯著……

他停頓了一下，可能是看到了什麼。

「這個狗東西開始影響到我了，讓我不舒服，真的不舒服。」
「什麼東西？」
「你是在跟我說你沒有注意到嗎？」海豹問，一面還緊盯著不放……
「沒有啊？是什麼？」
「那輛白色廂型車，看到沒？」他說。

只是輛廂型車，
哪裡可疑了？

我看外面，什麼也沒有，街上空無一物，不過看起來今天會是好天氣吧。

「拜託，那輛廂型車一直在這附近轉來轉去，他們好像是在耍我，想讓我好看。」海豹說。

我朝廚房的窗戶看出去，還是什麼也沒有看到。

「在哪裡？」海豹說。

「沒有……現在看不見。通常是我監視的時候，在兩點鐘方向。」他說。

「監視？」

「對，監視。上次我晚上坐在外面監看，這輛車偷偷開過來，他們在注意這棟房子，他媽的鬼鬼祟祟的傢伙。」

海豹繼續盯著窗外看，沒正眼看過我。

「我看不到車牌。」他說：「不過我盯上他們了。」海豹就他的思維思考了一下。「對了……你得在車道靠近郵箱的西側安裝遠紅外線攝影機。馬上就裝。必須得對著迎面而來的車輛才行，我們可以在附近種點東西，讓鏡頭混在灌木叢裡。我認識一個人可以盡快安裝，這樣就不會有任何閃失。我們被入侵了，老兄，別掉以輕心。」

「入侵？」

「你看到那輛車了，對吧？」

「其實我沒有看到屋子前面有什麼車子。」

海豹轉頭用一張毫無表情、呆若木雞、目光漠然的臉孔看著我。他火大了，非常火大。

「是廂型車，老兄，他媽的廂型車。那種看起來準備做一些不該做的事情的車子。」海豹再度盯著窗外看，像是正盯著什麼東西。「那輛車是把我當成蠢蛋了嗎？」

我不認為他想要我回答這個問題。

「我要露宿盯著這個混賬。」

「露宿？」

「你他媽的說的沒錯！我就是要在外面露宿，等這個混蛋傢伙來。」海豹一拳打在牆壁上。

「今天晚上嗎？」

「不是今天晚上，是每天晚上。」他說：「我每天晚上就睡在草坪的躺椅上，直到那個討厭的傢伙再來，到時候我會用高能光束直接照他的眼睛，猛烈攻擊那輛車。我要逼得這個混蛋無所遁形，不再只守不攻。」

海豹停了一下，然後說：「重要的是……他根本不知道我現在在防守。他可能心裡想，嗬—哼姆，伊茨勒一家人都睡著了。可是別想嗬—哼姆，伊茨勒一家並沒有睡著。伊茨勒家的精靈都還醒著呢，老兄。」他咯咯地笑說：「精靈們可清醒得很呢！」

他依舊目不轉睛地看著……

紐約市

-7°C

09：00

第21天

活在當下

我不喜歡跟陌生人講話。事實上，我也不喜歡講話。就這樣。——海豹

我們回到紐約後，前往公園做改良的環狀路線跑步。海豹告訴我今天要用跟以往相反的順序跑十英里，意思就是早上四英里，晚上六英里。我們通常早上會跑得遠一點，晚上會跑得緩和一點。今天前面四英里是以八分鐘的配速跑，跑四英里已經變得很輕鬆愉快了。

到目前為止我跟海豹相處的時間多到數不清，但是連日來我們跑步時一句話也沒說。跑步的時候完全像無線電通訊設備關閉後那樣安靜。什麼都沒有說。

「喂，海豹，你跑步時會想什麼？」

「結束。」

確實是如此。他好像能夠封鎖腦海裡和這世上所有亂七八糟的事情，只專注在手頭上的事。隨你怎麼說都行，但是這位仁兄掌握了活在當下的精髓。這真的是很棒

的事。

至於我，我跑步時大腦會想很多很多……莎拉、拉澤、工作、會議、「解渴」和可樂、健身、水管凍結諸如此類的一堆。我的腦海就像是一條六線道的公路，而且還是雙向進行的。我很難把那些思緒、擔憂、構想趕出腦海。那些念頭排山倒海而來，壓力是太大了一點。

然而，在海豹身邊，我學習了如何活在當下。主要也是我非得如此不可，否則就沒有辦法完成手頭上的事。我必須一次只做一步，一次只重覆做一個完整的連續動作。做完了之後，再擔心下一步或下一次重覆的連續動作。現在我以百分之百的專注完成清單上第一件要做的事，等結束後再開始全力做下一件。

謝了，海豹。

20：30

吃了一頓什麼料都沒有加的白麵條、切片紅蘿蔔、黃瓜，以及一杯水之後，做後半段反向運行跑步的時候到了。我希望等差不多一小時讓肚子裡的食物消化，可是海豹不想浪費一小時的生命，所以我們便出發了。

坐電梯到樓下大廳時，我說我覺得肚子脹脹的。我喜歡空腹跑步，肚子裡面有東西時跑起來就感到非常吃力，長距離的跑步都是如此，包括馬拉松在內。馬拉松開跑之前我只吃香蕉，所以我問海豹他在長跑之前是如何處理營養問題的。

「我跑那麼長的距離時需要熱量，所以已經把自己訓練到能夠邊跑邊吃東西。我可以在一小時吃進六百到一千卡路里，這不是問題，不過要花點時間才能適應。」

我從超馬跑者那裡也聽過同樣的說法。他們變得在比賽時能夠吃大量的食物。使超馬廣為人知的傳奇超馬跑者迪安・卡納澤斯（Dean Karnazes）就以在一些長跑當中能邊跑邊吃披薩聞名。事實上他點了披薩後，還讓送貨員在賽跑的半路上等他，這樣他才能拿到披薩邊跑邊吃。

這個做法好是好，只是我們開跑時對我來說沒有一個適用。我感覺得到在我的胃裡跳上跳下的食物。每跑幾步我就打嗝，好像是那些麵條、胡蘿蔔、酸黃瓜在我的肚子裡豎起一條警戒線，每多邁出一步就群起抗議。還沒有跑到一英里，我已經覺得疲倦想吐。海豹不屑理我，只是保持他的步伐。事實上，我覺得他感覺到我的不舒服後，還把速度加快了一點，讓我感覺更加難受。

跑到差不多四英里時，我揣摩出只要完全經由橫膈膜呼吸，感覺就會好一點，於是最後兩英里結合了一種非正統的呼吸方式，才能回到家。

我的肚子花了大約一小時才平靜下來，但是這次跑步結束了。

今天又跑了十英里。

訓練合計：以每英里八分鐘的配速跑十英里。

紐約市

-11 ～ -12°C

14：00

第22-23天

累到趴的夜間訓練

隨時都要處於備戰狀態中。——海豹

耶誕節到了！紐約市的燈都點亮了，美不勝收。如果你在這個時候去過紐約，就知道真的很特別。街上很寧靜，商店都打烊了，因為大家都準備和所愛的人共度這一天。

我們全家（現在已包括海豹在內），決定回到康乃狄克州。我喜歡假期，特別是所有含有冬季元素的假期，因為有一種節日的氛圍。無論是什麼宗教或信仰，大多數情況下每一個人都具有分享與給予的精神。連海豹也是這樣。

我和海豹出發去山裡快去快回跑六英里。這是以八分三十秒的速度維持體力的跑步，意思就是這次跑步沒有比較好，也沒有比較差。我們只是要「維持體力」，他是這麼告訴我的。回到家後，我沖了個澡和換衣服。

我在起居室跟莎拉會合。她和我交換光明節和耶誕節禮物的時候，海豹手上拿著東西走進來。他保護那個東西的樣子有如後衛在球門線附近護住足球。

「你兒子內心剛強，」海豹說：「我想用禮物反映出這一點。」說著便把一個禮物交給拉澤。

我心想，那是玩具卡車？積木？足球？結果都不是。那是一件迷你版的迷彩衣服，連同帽子是整套的。是真正的軍隊服裝……這個禮物對兩歲的孩子來說還真是別出心裁！

接著，莎拉代表我們夫妻送禮物給海豹（她是真的想送）。他打開禮物之後，她要他試穿，但是他婉拒了。海豹對收禮物不是很感興趣。大部分人都喜歡禮物，但是海豹看禮物的樣子好像它們是什麼亂七八糟的東西。她再提出一次要求，他有禮貌地說：「先等一下。」到第三次時我老婆不再是請他這麼做，而是堅持要他穿上。她可是連海豹也不敢惹的人。

海豹去臥室換，可是換好後就不想出來了，過了一、兩分鐘後，才心不甘情不願地現身。

海豹走出來時穿著一件非常好看的休閒襯衫，淺藍色開襟有扣子的襯衫。他穿起來很好看，但是從海豹的表情看起來，會以為他穿的是一件緊身衣。

我把前幾天在巴尼斯幫莎拉買的禮物給她。她從盒子的大小看得出來是首飾，她打開它，然後把項鍊戴在脖子上。

「我好喜歡喔，老公。可是我真正喜歡的是你還特地去幫我買。愛你喔。」

心意最重要。

19：00

天氣嚴寒而且下雪。全家人的感覺都很好，因為我們都聚在一起。十二月底在伊茨勒家典型的場景可能是火爐裡有火，在拉澤睡覺之後蓋條毯子看電影。我通常贊成看有一點打鬥的，可是莎拉會說服我看浪漫喜劇，而且最後贏的都是她。

「該睡覺囉。」莎拉對拉澤說。

他在地上跟海豹玩。他們有英雄公仔和火柴盒汽車，正在拯救世界。海豹用積木造了一個村莊，坦克車從西面八方發動攻擊。海豹在大聲發號施令，儼然是一場貨真價實的攻擊。他玩得太認真，不過拉澤也玩得津津有味，而且看起來很開心。這給我敲了記警鐘。

02：00

凌晨兩點，雪在狂下。我臥房的房門鎖著，但是我睡著睡著就聽見好像有人試圖撬開我房門鎖的聲音。門把發出聲音，聽起來像是有人從門的另一邊又拉又扯，然後我聽到像是狗在抓門想要進來房間的聲音，同時門把又被拉扯。

我下床去察看，把耳朵貼在門上聽是怎麼回事，可是聽不出所以然來，無聲無息。於是我彎下來趴在地上從門縫裡看是不是能看見什麼。果不其然，我看到海豹的運動鞋在門邊。我站起來打開門，海豹就站在門口。

「時間到了。」他說。

海豹告訴我的計畫的是連續四十八小時每四小時跑四英里！

每四小時就跑四英里要跑十二回合！他稱之為四／四／四十八。

您在說笑是吧？

很顯然，並不是。事實上，我們的訓練是要在二十四小時內跑四次四・二五英里，或是每六小時跑一次共四次。

我在快要脫口問海豹這麼做有什麼道理之際，改口只說：「你是逗我的吧？」

02：30

我打開手機，把手機當作手電筒用來照明。我不想開臥室裡的燈，因為這樣一來可能會吵醒莎拉。她到目前為止超級冷靜地面對一切，可是我不知道她會不會想要

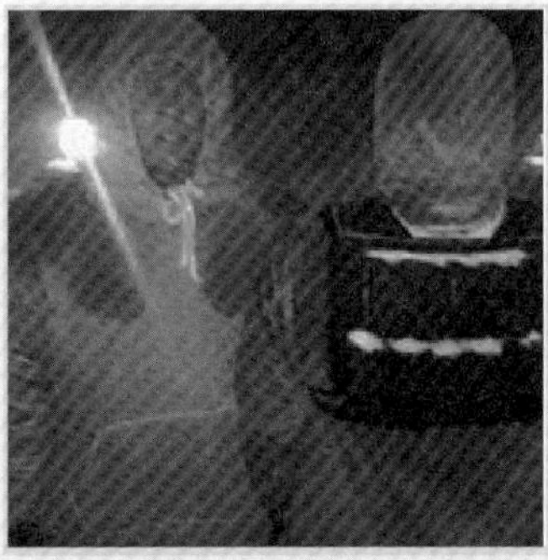

夜間訓練

我在半夜兩點鐘冒著大雪在康乃狄克州的山裡跑步。

我走到衣櫥，悄無聲息地打開抽屜拿我的運動服。我覺得自己是在夢遊，但心知這只是痴心妄想。我一層層穿上衣服，踮著腳走出臥房，下樓朝大門口走去。海豹已經在門外等著。

我身上是一件發熱衣，一件套頭衫，戴一頂帽子、兩雙手套，穿一件發熱運動褲。外面冷死人了，又濕又冷。我們出發了。

邁出每一步的感覺都像快要摔倒在地。夜色如漆，我的意思就是黑嘛嘛。開跑五分鐘後，海豹轉頭對我說：「前面路不平，二十公尺處。」

咦，他怎麼會知道？我連前方一公尺都看不見。說實話，我連一公尺的距離是多少都看不出來。我精通軍用時間，但是不熟悉公制。無論如何，顯然海豹的視力不受黑暗影響。他好像不用戴夜視鏡就能夜視，視力好得很。

冷到爆啊，我的手指頭全都麻痺了。可是海豹一副在安圭拉島[1]跑步的樣子，好像現在是二十六度，陽光普照的樣子。

在此同時，雪花像ＢＢ彈似地打在我凍僵了的臉上，我得瞇起眼睛才看得見，然後一次得閉上眼睛三十秒，才能避免雪花灌進我的眼球。度假的好心情全飛了。

不久我們就來到一條崎嶇不平的道路。我對自己說，這想必就是二十公尺的距離吧。我們繼續往前跑。

我們在整整四十分鐘內跑了四．五英里，到家後連燈也沒有開，因為我們的眼睛已經適應黑暗，在一片漆黑的家裡我也可以看得很清楚。顯然海豹的內建式夜視鏡對我也產生了影響。

我剝掉全身的衣服，全部放進烘乾機裡。皮膚因為寒冷而有一塊塊的紅斑，簡直快凍僵了。我穿上兩件運動衫，戴了頂滑雪帽上床去。莎拉在我身旁睡得很香。

約四小時後……

手機鬧鐘響起，我睡了大約三小時。我把衣服拿出烘乾機，但願衣服還是熱的。

---

1 位於加勒比海，有美麗的海灣。

海豹在前門等我，我們把門打開，一堆雪落進門廳。外面現在是零下十一度。出發。

外面還是像上一次跑步回來時一樣暗，還是又冷又濕的。感覺是土撥鼠之夜。我的肌肉因為寒冷（和跑的里程）而超級僵硬，兩隻腳踏到被雪覆蓋的堅硬地面時很痛。我們要在三十八分鐘內完成像之前一樣的跑步。殘忍啊。

四小時後……

零下七度

這是連續二十四小時每四小時跑一次的第三次了。最困難的地方在於卯盡全力，然後緩和下來，然後又重新開始的過程。

「重新開始」實在是很賤。這時，海豹丟出一根骨頭給我，說只要我能在三十八分鐘以內跑完，四小時後就不用再跑一次。這根骨頭我喜歡！

一場重要的辯論於焉展開：我們是要拚了（第一英里因為坡度太大所以非常吃力），還是控制節奏？

海豹說：「拚了。」

「走吧！」我說。

我在這個山路上跑了上百次，第一英里歷來的最快速度是九分整。相信我沒錯，這段路的斜坡很多。我們這一次跑了八分七秒！簡直是用飛的！我大口喘氣，一點也不誇張。到達坡頂（一．一英里）時，我覺得好像抽筋了。我繼續跑，但是情況愈來愈嚴重，我跑不動了。

「暫停一下，有狀況。」

是**腹股溝拉傷**嗎？

外面實在是太冷，我無法在回到家之前好好診斷自己。最後一英里我們是走回去的，我汗流如注。我猜海豹是對的，現在的確像二十六度的艷陽天，可是每往回走一步，氣溫好像就下降一度，然後身體的熱氣就與寒氣混合，從我皮膚上製造出濃濃的白色水氣。回到家去除寒氣之後，我證實是腹股溝拉傷了，痛得有夠慘，不可能跑步了。

「那就做伏地挺身。」海豹說。

我們做十組三十下（中間休息一分鐘）。我趴下開始做伏地挺身時，細小的冰粒從臉上落下。

「這是你有史以來最辛苦的四十八小時吧？」海豹問。

「體能上來說，是的。」我說：「可是話說回來，這比格蘭特・希爾的那次還辛苦。」

「你說的是那個職籃明星？」

「是啊。」我說。

「你跟他一起練過？」

「沒有。」

「那你他媽的在說什麼？」

有一次運動服裝和運動鞋專賣店Foot Locker請我和我的合夥人肯尼幫他們做一

個全國性的廣播電台活動，那是我們「字母公司」的一項工作。我們當時在跟幾家經紀公司競爭，但後來是我們拿下這個客戶，因為我向他們保證我能讓格蘭特．希爾做廣告。希爾是當年NBA的最佳新秀，是名副其實的明日超級巨星。他是個大咖，他們想找他，所以我就拍胸脯保證會找他來。

「沒問題。」我說。

只不過有一個問題——我不認識格蘭特．希爾。

我們簽下Foot Locker這個活動的合約後，我得知格蘭特要在Foot Locker在曼哈頓的一家分店亮相，於是我的計畫就是去活動現場堵他。我要做的就是讓希爾說這一類的話：「嗨，我是格蘭特．希爾，我這個假日季節會在Foot Locker大血拚。」然後把它插入這支廣播廣告就好了。然後Foot Locker會給他五百元禮券，我則踏上歸途。

很簡單，對吧？

只不過我錯過了那場活動。我可以長篇大論地解釋經過，但還是別浪費你時間好了。反正我就是搞砸了。第二天Foot Locker的執行長打電話給我，問我是不是跟格蘭特．希爾談好了，我只得硬著頭皮跟他說並沒有。

「你有四十八小時的時間，」他說：「否則合約就取消。」

我立即查出ＮＢＡ賽程，找出奧蘭多魔術（格蘭特．希爾的球隊）當晚要跟老鷹隊交手，於是直接殺到拉瓜迪亞，再前往亞特蘭大。我早上十點半就到了球場，雖然比賽要到晚上七點半才開始。因為時間太早，所以我可以直接走進球場。場內有軍樂隊在排練，沒有人盤問我，因為我是「和樂隊一起的」。

我知道七點半要比賽的球員一般都是五點半到，所以我有很多時間要消磨。於是四處走動，裝出一副有事在做的樣子，但其實只是讓自己看起來忙碌罷了。

感覺上時間長得漫無止盡，但是終於有一些奧蘭多魔術隊的人開始出現。在等格蘭特時，我站在公用電話前假裝在打電話，這時我看到我的目標了。他走進球員入口時，我直接走向他。

「嘿，格蘭特，我是Foot Locker的傑西。我飛過來是為了做星期六節目的音頻剪輯。」我說：「你現在可以做了嗎？」

「什麼音頻剪輯？」

「對，就是Foot Locker活動的音頻剪輯。」

「好，等比賽完之後再談。」他說著從我身旁走過。

「不行，不行。」我說：「我現在就得錄好，然後坐飛機回去。」

他繼續走進休息室，於是我側身過去把他的耳朵拉靠近我的嘴巴：「格蘭特，看著我的眼睛。我要是沒有做好這件事，我的工作就會不保。我不能空手而回。我今天是用我自己的時間飛到這裡做這件事。我不知道這是怎麼回事，不過他們需要這個。是執行長派我來的。」

也許是他看到我眼裡如假包換的恐懼，或是從我的懇求中聽出這股恐懼，無論如何，他同意了。

「好吧，」他說：「跟我來。」

於是在所有球員都在混時間和開始為比賽做準備時，我走進休息室，拿出手提錄音機，把手稿遞給他。可是……，更衣室太吵了，所以我把他帶到浴室的隔間，關上門。

我再度把手稿遞給格蘭特，按下錄音鍵。

「嘿，我是格蘭特．希爾，這個假日季節我會在Foot Locker。Foot Locker能滿足你的需求。」

第三行說到一半時，他說：「你說你是哪位？這是用來做什麼用的？」

「格蘭特，我跟你的經紀人講了一天的電話。這是你簽的Foot Locker合約裡要做的事，是用來做假日促銷的。」我只是一股腦地說：「這是廣播的部分。」我只希望他能聽到我一遍遍重複使用的字眼，以為我原本就該出現在那裡。

「那好吧。」他說，然後就說完那幾句話，之後我便一溜煙跑走了。

我一離開球場，便往機場去，並用另一支公用電話打給肯尼，把錄音放給他聽。

這段錄音隔天就在全國的廣播節目上播放了。

「有點意思。」海豹臉上沒有絲毫笑容。

「你現在還想聽大紅公雞的故事嗎？」

「不想。」

15：00

海豹把我帶到健身房去做伏地挺身。我們康州的房子一樓設有健身房，健身房旁是一間蒸氣室和一間烤箱，那裡就是一個迷你的訓練設施，所以我挺喜歡在裡面晃的。

我是在七年前買下這棟房子，產權登記完畢後便立即把整個地方打掉。我當時正在創辦侯爵飛機公司，所以想要一個可以娛樂顧客的地方。我告訴裝潢公司一件最重要的事，就是我想要有一個讓人永遠不想離開的蒸氣室。我挑選顏色，核可平面設計圖，但是真正在乎的其實只有那間蒸氣室。這間健身房和ＳＰＡ區是我舒適的私人休憩處。

我們做二十組、每組二十下的伏地挺身，做完一組就休息一分鐘。我重覆一下……是二十組、每組二十下的伏地挺身！前十組做起來其實挺容易的，可是後十組我就招架不住了，做得很吃力，好不容易才做到最後一組。累死人，又酸又痛。

「做完。把這個做完，你這個沒用的傢伙。」

我做了。在兩組之間，也就是上一組二十下伏地挺身的最後一下，我必須維持平板勢二十秒，但我還是做完了。

這樣下來，包括前面做的三百下，今天到目前為止就做了七百下。

海豹央求我再做三百下湊一千下伏地挺身。他求我！

「我沒力氣了。」我說。

我是說真的。我連一下也做不動了，就連維持一個下犬勢也沒辦法。上樓時兩隻手臂就懸掛在身體兩側晃來晃去。

收工了，我躺在沙發上，拿起《運動商業周刊》，專心看著最近的交易。停工的短短幾小時彷彿像在度假，我覺得很愜意。

訓練合計：跑十六．一英里和七百下伏地挺身。

康乃狄克州

-15°C

06：00

第24天 暴風雪

情況越糟，我就越愛。——海豹

醒來時外面正下著暴風雪。十八公分厚的積雪和每小時四十八公里的風力——風寒使體感溫度只有零下二十七度。我的腹股溝神奇地好多了。昨天說不定只是抽筋嗎？電視機螢幕下方的字幕反覆跑著「惡劣天氣警報」的跑馬燈。康乃狄克州的地方新聞建議大家：「除非有緊急狀況，否則待在室內。」

「真他媽的好極了。」海豹說。

我猜他是把這種情況視為緊急情況。

他盯著電視，頭點來點去好像是在聽傑斯（Jay Z）的歌似的，只不過他並沒有戴耳機。

最後他說：「我們得出發了。」

我們在山裡跑了三．五公里。

暴風雪。
真的是「暴」風雪！

海豹決定穿上那件五十磅重的重量背心。他頭腦有問題吧。我無法形容這趟跑步有多辛苦……在這些情況下……還把五十磅重的重量背心穿在身上。到家後我覺得自己凍傷了，汗衫濕冷到光是脫下來都讓人感到疼痛。事實上，我的汗衫已經結凍了，我設法把它脫下來後，它是豎立在椅子上的。

然後，我們做一百四十四下伏地挺身，緊接著又再附送十下。

14：00

莎拉到屋外去拿郵件。信箱位於車道盡頭，走出大門後約四十六公尺的距離。從大門口到拿信件之間唯一的障礙（或者說是「威脅」）就是草坪，上面覆蓋著雪。危險在於可能會在一片薄冰上滑一跤，我的意思是說……拿信並不是高危險的事，至少不是我們會擔心的事。

莎拉拿著三封信和一份時裝目錄回來，並且打開目錄。

海豹鐵青著一張臉。

「莎拉，妳必須改變妳的模式。」

「模式？」

「對，妳的模式。**模式**。妳拿郵件的時間，那就是妳的模式。妳每天的時間都一樣，一成不變。」

「我吃完午飯後去拿郵件。」她說：「這個時間最方便啊。」

「為什麼要吃完午飯？」海豹困惑地問：「好像大家都是這樣做。」

「因為郵差那時候才來。」她回答：「他都是每天午餐後送信來。」

「確實，你知，我知，郵差更清楚，所以我猜人人都知道。當然你的鄰居也知道。」

「可是我拿信只是……在我家……在我們家的院子裡。」她說。

「幫我個忙，改變拿郵件的時間。明天晚一個小時左右去拿。打破這個模式，莎拉。打破模式。」

21：00

我和莎拉吃完晚餐後把拉澤送上床。我們沒吃什麼特別的，就是一些蔬菜漢堡和沙拉。拉澤上床後不久，我們一起上床看電視，我漸漸淡入睡眠，但還可以感覺到莎拉還沒有睡，還在看ＣＮＮ。

到九點左右，我感覺莎拉在下床，而且不想吵醒我，不過我已慢慢學會提高警覺，所以醒了過來。

「妳要去哪裡，老婆？」我問。

「我聽到地下室有聲音，聽起來像是發電機打開了。」

「妳說什麼？」

我還來不及問下一個問題，莎拉便已下樓去查看那是什麼聲音。

大約八分鐘後莎拉回來，爬上床告訴我：「沒什麼大不了的。」海豹在騎固定式腳踏車。他想要「在室內騎」，不想「在雪地裡騎」。

第二天早上我們七點醒來，發電機的聲音還在發出相同的頻率。這次換我下樓。我走近時聽得出來聲音是從健身房發出來的，還有背景音樂。我打開健身房的門，一股熱氣襲來，就像是有人拿著一支吹著強風的吹風機指著我的臉。健身房的感覺就像是烤箱，窗子上盡是霧氣。就在正前方我看到海豹在固定式腳踏車上，身上的汗衫已經脫掉，地上有一灘灘的汗水。他沒有抬頭，但顯然知道我在那裡，只是一句話也沒有說，沒有打招呼也沒有道早安。他看起來不太高興——那樣子非常駭人，我知道。他繼續踩個不停。

他踩踏了一整晚，連續十小時。

訓練合計：跑三．五英里和一百五十四下伏地挺身。

康乃狄克州

-15°C

09：30

第25天
把你的蛋蛋浸濕

恐懼是最棒的動力。怒氣則是另一種。——海豹

海豹帶我到溫澤山跑五英里。溫澤山是我那個住宅小區的主要道路，很陡，幾乎是垂直的。路標上應該會有兩個黑色菱形的警告標誌，天氣好時汽車也上不去。其他的山根本不想跟溫澤山比鄰，因為它太嚇人了。再說，到處是雪和黑冰，跑起來更慢、更辛苦、更冷。

海豹不是才踩了一整晚腳踏車嗎？真是見鬼了！他這個人怎麼停不下來！跑完回家後，我訴苦說腳腱痛得要命（以前打籃球的舊傷），而且腳腫起來了。是真的腫起來了。

「我有辦法。我們去湖裡冰鎮你的腳。」海豹說。

「去湖裡？湖水都結冰了。」

「我不是開玩笑的，走吧。」他說。

我知道這是再蠢不過的點子了，但是又有一點喜歡這個想法。我興奮起來，因為我一直好奇結冰的湖面之下的水有多冷。我們從我家跑下山，去了那座積雪兩英尺（六十公分）的湖。我穿著球鞋、襪子、短褲和運動衫，那個持續下降的坡度約有兩百七十五公尺，在到達坡底之前我絆倒了兩次，臉著地摔倒在地。海豹則不費吹灰之力零失誤地走下來，到坡底後立刻脫掉鞋子，在冰面上找到一個適合他的洞。然後就跳下去了！湖面結冰但不是完全冰封，岸邊有部分的湖面只有薄薄的冰片。

「抓住浮冰。」他說。

我發誓這件事是真的。

我爬到結冰的湖上，一步一步地往海豹跳下去的那個洞爬過去。

「媽的跳下來，沒用的孬種。你他媽的給我下來！」

他已經瘋了。

「不行，我不行。對不起，我做不到。」

「媽的你給我下來，龜孫子。他媽的下來。」他再說一次，他的雙唇發紫。「他媽的你有夠娘的，伊茨勒，媽的下來！」

我脫掉鞋子，脫掉襪子。這實在是有病。

「下來。跳下來。你給我下來，伊茨勒。」

我跳下去浸到膝蓋，感覺就像有人在鋸我的腿，或者該說感覺像是我希望有人鋸斷我的腿才對。

「再下來一點。」他喊道。我一點一點地沈下去，浸到腰部。

可是，他的表情瞬間為之一變，不再是因憤怒而繃著，而是皺起眉頭一臉擔心。

「再五分鐘就會凍傷。立刻上去！」

什麼?!

「上去的時候皮膚不要碰到冰塊，會黏住。」

「蛤？」

「像他媽那部電影《耶誕傳說》演的那樣，把你的球鞋當手套一樣套在手上，爬出冰洞，然後光著腳兩腿伸直從冰上爬過去。」他吼說。

我們花了兩分鐘才到岸上。我在心裡像馬蓋先在《百戰天龍》裡演的那樣倒數計時著。只剩下差不多三分鐘就會被凍傷了。我們跑上山朝家裡跑去，沒有穿鞋，打赤腳在雪地裡奔跑。

海豹又在吼了：「剩下兩分鐘了……跑。」

跑到半山腰時，我的身體是由恐懼推動著。除了跑上這座山之外，我的腦海裡沒有連貫的思考。腳趾頭快要掉下來了，從膝蓋以下什麼感覺都沒有。每邁出一步，感覺兩條腿就會抖得像骨董茶杯掉在地上那樣。不妙。

再待五分鐘就會凍傷

好不容易跑到山頂。我們走進屋裡，剝掉濕答答的衣物，用毛巾、外套，任何可以拿到手的東西擦乾身體。

莎拉站在那裡，我好像從沒見過她那麼生氣。「這是我見過最蠢的事了！」她吼道。

「對不起。」我說。

「對不起？你已經是做爸爸的人了！任何人都知道不要靠近結冰湖上的冰。」她轉頭看著海豹。「還有你！」她對他說：「你應該慚愧才對。你告訴我跳到結冰的湖裡有什麼醫療的效果。」

「沒有，莎拉！這是你老公自己簽約要做的事！！！什麼好處也沒有。」

十五分鐘後……

海豹來找我說：「我們得利用這個東西，我們得利用這個腎上腺素。」

蛤？

我們每分鐘做十五下伏地挺身做了十五組（一共是兩百二十五下伏地挺身）。在這整個時間裡，我心裡都在想著，這事說出去都不會有人相信。沒有人會信。可是到目前為止我很喜歡，而且現在也會欣然接受這些挑戰。我好像已度過最辛苦的時期，所以忍不住感到有一點點得意。

二十分鐘後……

海豹走進我房間。我坐著抬高雙腿，紓解腫脹的腳踝。「我們只剩下四天，所以得發揮極限。你還沒有把該做的事做完，還沒有做好回到現實世界的準備。」海豹說。

我頓了一下，然後明白……他說得對，我和海豹在一起的生活不是現實世界。接著我思考他要離去的事，以後勢必會有一塊巨大的空白。過去二十五天不同於我以往的生活。之前我不認為有此可能，然而我會想念他的。我會懷念這股瘋狂勁，會想念這種疼痛，會想念他的發號施令。

「我們今天晚上炸玉米餅來吃吧。」我說。

「炸玉米餅？去他的炸玉米餅。」他說：「我們要去蒸氣室。」

「蒸氣室？」

「對，他媽的蒸氣室。把那個東西設定到五十二度，然後在那裡待三十分鐘。不把水淋在頭上，不講話（顯然如此），只准帶三百四十C.C.的飲用水進去。我要測試你的意志力。」

海豹把溫度控制刻盤設定在五十二度，我們等了二十分鐘，等到升高至適當的熱度之後才進去。為了獲得最大效果，海豹要我坐在兩隻手上，緊緊鎖住兩隻手臂，背部就會挺直，頭更靠近蒸氣室的屋頂。

「溫度上升。」他說。

我真是不敢相信！

把頭抬起來，就可以有「最大程度的接觸」，他再說一遍。

於是，我們繼續下去。

五分鐘……行。

十分鐘……行。

十二分鐘……我把三百四十C.C.的水全喝了。

十五分鐘……還行。

二十分鐘……不太行了。

我聽到嘶嘶聲。

在眼珠子冒汗的情況下我很難看清楚。

希望嘶嘶聲不是從我身上發出來的。

我的心跳加速，怦怦直跳，皮膚看起來像是煮熟的雞肉。

我過熱了。

我覺得噁心。

海豹坐在蒸氣室的對角，我看不太清楚他的臉，但是聽到他在吹口哨，這讓我抓狂。聽起來像是海灘男孩的歌。不可能，那是幻覺。再九分鐘就好，我告訴自己。

可是沒有用。我盡量去想棒球：基特的平均打擊率；傑森．基普尼斯的守備率；馬里安諾．李維拉的每局被上壘率。

我快失去理智了！

現在我知道微波食品在微波爐裡的感覺了。

一，二，三，四……我開始在腦海裡數到一百。十一，十二，十三……

意識漸漸模糊。

「我覺得我不行了。」我終於打破二十一分鐘的沉默，說：「對不起。」

我沒有等他回答就跳起來用力推開門，還差點打破玻璃。

海豹跟著我走出來，蒸氣灌進房間，因為門還開著。

「好吧，休息三十秒再進去。」

我沒有動，他靠過來看。

「哇，」他俯視靠牆蹲的我說：「你看起來不太妙。」

他看起來很模糊，臉孔扭曲，像哈哈鏡裡的樣子。

「去亞布洛格拉蘇杜透。」我說。

「大哥，我們必須異常終止。」他說。

異常終止？

我坐在蒸氣室外面的椅子上，感覺像是有一天那麼久。獨自一個人。海豹沒有再回來探望我。我頭痛欲裂，過了三十五分鐘後，才開始覺得緩過氣來，心律一百一十九，像是八月天在沙漠裡那樣冒汗。我灌下五罐「解渴」，過了九十分鐘之後才覺得自己恢復一點點人樣。

兩小時後……

回到臥室後，海豹走進來。我蓋著棉被看CNN。他問我有沒有好一點。

在恢復室裡坐著休息

「一點點。」我說。

「那好，我們走吧。」

我們走吧？

「你根本不知道什麼叫做受苦。」他一臉認真的說。他說得對，我是過著安穩無憂的生活。

他告訴我自己一個人去外面慢跑，「鬆一鬆關節」。（是在蒸氣室裡融合到一起，還是在湖裡被凍結在一起的關節？）他要我更清楚地「認識自己」，要我「感受與外界隔絕的感覺」。我不太明白他這是要幹嘛。說實在的，我不知道他到底在說什麼。

可是我走到外面。

一個人。

離開之前，他給我一支手電筒，因為現在天色很早便會開始變暗。「注意路上的透明薄冰。」

「謝了。」

我慢跑四．五公里。回到家時，海豹在門口等我。他就坐在大門口外面的雪地上，啃著一顆該死的蘋果。

「做得很好。你就需要這樣的思維模式。」他說。我還是搞不懂他在說什麼。

「現在發揮你的力氣，做一百下伏地挺身，做完再進屋子。每三十秒做十下。我不是開玩笑的，大哥，這裡可不是宿營。」

又來了，蛤？

不過我伏地開始做伏地挺身。海豹說我做的第一下不算。

「重來。鼻子得碰到雪地，我們已經過了虛做的階段。」

22：00

去他的炸玉米餅是對的。我加熱兩個蔬菜漢堡。我吃晨星的蔬菜漢堡上癮了，今天晚上我覺得可以把一整盒吃下肚子。微波爐發出嗶聲示意我的晚餐好了，這時海豹走進來。

「你可以選擇：吃一個，然後做兩百五十下伏地挺身，或者是做完之後再吃，並且選擇做二號門後面的事。」

他又突然變身為節目主持人鮑勃・巴克了嗎？我什麼也沒有問，只說：「我選擇二號門。」

唔……做更多下伏地挺身。我們每十五秒做十二下，然後八下，然後六下，然後四下，接著做仰臥起坐，在六十秒之內盡量多做，然後休息一分鐘，之後再重覆做三十分鐘。

我累癱了。

訓練合計：跑九・五英里和七百七十五下伏地挺身，一百二十五下仰臥起坐，在蒸氣室待二十一分鐘，跳進結冰的湖裡。

康乃狄克州

-1°C

08：00

第26天 最重要的保護對象

知道什麼對你是重要的，而且要盡全力保護它。——海豹

我已從蒸氣室事件完全恢復過來。我們還在康乃狄克州，海豹和我到我家附近山裡的環路跑四．五英里。我是用鼻子呼吸，感覺像在飛一樣。我看了一次我的時間：三十五分十七秒，比我之前個人的最快速度還快了三分鐘。這可是我的最快圈速啊！我的心情大好。

回到家沖完澡後，我們在休息室會合，我打開電視。

要讓海豹看電視是件很困難的事。我唯一看過他乖乖坐在那裡看的是運動比賽。今天有幾場大學足球盃比賽，所以希望他不會在第二和第四節比賽時，要我穿上五十磅的重量背心。他坐在沙發上看起來還算稱心如意，不知道他是不是在想著離開的事。這件事這幾天一直盤桓在我腦海。平心而論，起初我恨不得這個月趕快結束，可是他開始讓我練出興味來了。我感謝他擔心我家人的安全，但是我不禁想知

道……

「喂，海豹，」我說：「要是有人侵入這棟房子，你會怎麼做？」

海豹慢慢轉過頭來看著我，用冷漠的眼光瞪著我，然後又轉回去看電視，沒有回答我的問題。

「說真的啦，」我說：「你會怎麼做？」

他緩緩搖頭。

「我覺得你知道我會怎麼做。」他對著電視機說。

「說一下嘛。」

「我會保護主要的。」

「什麼是主要的？」

「這就是最重要的問題。」他說：「什麼對你最重要，傑西？失去什麼對你的傷害最大？是這架大螢幕電視機？你的那些金唱片獎？珠寶？現金？你最看重的是什麼？」

「不是，」我說：「那些都不是。」

「那麼是什麼？」他問。

「我的老婆和兒子。」

「的確是如此，傑西。」他說：「他們對你最重要，只要我在這棟屋子裡，他們也是我主要的保護對象。你問我會怎麼做，我會不惜一切保護我的主要對象。對你而言不幸的是，你是我的第三選擇。」

直到此刻我才明白，儘管我一直跟海豹在一起，但他一直在注意莎拉和拉澤。水管工人、白色廂型車、服務生……都是因為要保護「我們」。我們是一直在練身體沒錯，但是我們的關係現在不止於此。我們有「主要對象」要照顧。

21：00

我跟海豹說我得花幾個小時做年度「結賬」，所以拜託他不要吵我。他答應了。

「去做你的事吧。」

我拿出所有的票據和過去這一年的待辦清單，並且做一點自我檢視的工作。我也做了年度捐款，並且寄出節日賀卡。結束這一年的感覺真好。

我一走出辦公室，他就對我說：「我們要再來一次。」

我們用最快的速度去跑五英里。我多使了一點力，而身體也做出回應。天啊，感覺真好，快要有成仙的感覺，什麼都能做了！我覺得這一切開始值回票價了！

訓練合計：跑九．五英里。

康乃狄克州

-11°C

08：00

第27天

一千下伏地挺身

我不會慶祝勝利，但會從失敗中學習。——海豹

海豹說：「今天是目標達成日。今天你所有的辛苦都會獲得回報。我們即將知道你做不做得到一千下伏地挺身。」

我以十組每組十下快速伏地挺身拉開這一天的序幕，每一組之間休息三十秒。感覺很好。然後休息。

合計：一百下伏地挺身。

兩小時後……

先是一—十八下伏地挺身，然後是一組二十九下（八分五十八秒）。也許我靠的是肌肉記憶，因為做完了感覺還是很好。再次休息。

合計：兩百下伏地挺身。

一小時後……

一—十八下伏地挺身，然後是一組二十九下（八分三十秒）。現在做起來吃力了，我是生拚硬撐地完成，最後五十下還必須維持平板勢數秒之後才能下去再上來。

總共：兩百下伏地挺身。

三小時後……

一—十八下伏地挺身，然後是一組二十九下（八分三十秒）。現在真的到了非常辛苦的地步。我在兩組之間休息得久一點，可是我還是繼續做。三頭肌感覺像是著火了。

合計：兩百下伏地挺身。

16：00

二十五，二十五，二十五，二十五，一—十八，十五，十四。真是有夠狠的。我的兩隻手臂抖得像葉子一樣，三頭肌感覺像是有針插在裡面。這種感覺前所未有，我真的有點擔心了。海豹告訴我「堅持下去」。我的手臂在顫抖。

「堅持下去。」他吼道。

我得休息兩分鐘才能完成一組十五下，然後需要休息五分鐘才能完成最後十四下。可是，一旦接近了……就絕不放棄。

合計：三百下伏地挺身。

如果你沒有在算，那現在一共是一千下了。

一千下伏地挺身哪！

在一天之內。我的天哪！我在蒸氣室旁的沙發上坐下來，笑了起來。這還是這整個訓練過程中的頭一次。我真的為自己感到驕傲。不是因為我做了一千下，而是因為我堅持完成這個過程。

我回想海豹第一天到這裡以及我們做的第一組伏地挺身。這是我向自己證明，只要你推動自己的身體，它就會有所回應。

19：00

我的身體因為做那麼多伏地挺身而發脹，感覺好像穿了一件潛水服，然後有人往裡面灌了氣似的。我累斃了，可是對海豹而言，勝利只是短暫的。他告訴我說他從不慶祝完成目標，目標一旦達成，就是邁向下一個目標的時候。我們的工作尚未完成，現在該邁向下一個目標了。

我和海豹出發跑三．五英里。

回到家後，海豹告訴我「睡一下」，並說「這是我掙來的」。我不太確定，但我想這應該是讚美才對。他其實也以我為榮吧。

我走進房間，打開ＥＳＰＮ頻道看一些精采的足球盃片段。海豹走回自己的房間，繼續每十分鐘做二十五下伏地廷身，連續做四個半小時直到半夜。他今天一共做了兩千五百下。**超人哪**。

就健身而言永遠沒有終點，永遠可以百尺竿頭再進一步。就我個人而言，我猜我大概還能再活個三、四十年，在那幾十年裡我有多少年可以保持足夠的年輕和健康去做一些事情？我想要盡可能去體驗最精采的事情。我從來沒有嘗試過懸崖跳水——我應該跳一次看看，因為我只會來這世上走一遭。這就是我現在處世的態度，是我看待事情的方式，是我生活的方式。

一千下伏地挺身是我從來沒有想像過自己會做到的事，這說明了持之以恆就會看到成果。

訓練合計：跑三．五英里和一千下伏地挺身！

康乃狄克州

-18°C

07：00

第28天

加碼挑戰

不挑戰自己，就不會了解自己。——海豹

我們今天早上去利奇霍婁路跑來回八．五英里。跑到利奇霍婁路並不輕鬆，我朋友費什稱其為「男子漢路跑」。那段路實在可說是怪胎，陡峭的山坡、折磨人的路道，而且八．五英里不論如何分段，跑起來都有夠瞧的。我和許多朋友一起跑過這條路線，但只有少數幾個人能跑完。

無論如何，後半段在加速之下，我跑了一小時十七分四十一秒（平均一英里跑八分五十七秒），意即下半段跑得比上半段快。回程速度快了兩分鐘，這讓我興奮得很。

到家之後，真正好玩的來了。

「我們得再加碼。」海豹說。

「去湖那邊？」我問。

海豹點頭。我也跟著他點頭。

我們站在那裡，兩人都了解這個使命，然後一起點頭。

只是有個小問題。這一次湖上沒有洞，湖面整個結凍了——冰層有十五公分厚，還有小朋友在上面玩冰上曲棍球。

「我有個點子。」海豹說。

「你們這兩個笨蛋要是膽敢再去冰面上，就不用再回來了。」莎拉說：「湖面都已經結厚厚的冰了。」

我老婆就好像有水晶球似的，我根本沒發現她就站在那裡。她知道點頭代表的意思。不過我知道莎拉等一下有個電話會議，所以我們就在那裡等著。

海豹確定我老婆沒有在看我們時，就偷偷下去湖那邊，拿了一塊大石頭，開始往冰上砸。我說的大石頭，是如假包換的大石頭，就像《摩登原始人》裡那樣的大石頭。那塊石頭實在有夠大的，海豹得彎下腰來雙腿用力撐著，雙手拿著，才能把它抬起來。我看到那些溜冰的小朋友，還有那些玩冰上曲棍球的小朋友都停了下來。

他們全都在看著海豹。

海豹發動攻擊：砰——噼噼啪啪噼噼啪啪……再一次……砰——噼噼啪啪噼噼啪

啪……再一次……砰——噼噼啪啪噼噼啪啪……

玩曲棍球的人朝岸上跑去。冰層破裂，這時想必海豹內耳的某處有個小型管絃樂團奏起了《洛基》的主題曲，而他彷彿就站在費城美術館台階的頂端，高舉雙臂做出勝利的姿勢。他發出原始的尖叫聲「耶せせせ！」

襪子脫掉，運動衫脫掉……他下去了！

這時，我也開始聽到《洛基》的主題曲。

我做得到……襪子脫掉，運動衫脫掉……我下去了！

我們重複做了兩次，然後衝刺回家取暖。

我還是凍僵了，可是感覺：棒呆了！

莎拉站在門口瞪著我，不發一語。她也狠狠地看著海豹。我覺得我好像只有七歲，而海豹沒有抬起頭，看起來只有五歲。

兒子盯著我的腳看，一臉茫然。我的兩隻腳看起來是絳紫色。

而海豹……他已經上了跑步機！

我們約有半天時間處於被懲罰中。莎拉其實沒有那麼生氣，至少在我們的客人面前沒有。她好像是想要生氣，但又氣不起來。或許是因為她知道這一切即將結束，也或許是她知道我可能以後再也不會幹這種事了，因為不安全。

17：00……晚餐前三十分鐘

我們每三十秒做十下伏地挺身，一共做十組（五分鐘）。這總共是一百下。然後是從一下遞增到十下，接著再從十下遞減到一下，再三組各做三十下。

重返冰湖。共兩次！

這樣又做了三百下！

20：00

我和莎拉在臥房打包，準備明天去亞特蘭大過一夜。

「你再說一次海豹什麼時候走？」莎拉問。

「過兩天。」我說：「他會去亞特蘭大，然後跟我們一起回康乃狄克州過年，他會從那裡回家。」

「我會想念他的。」她說。

莎拉已經跟我說過，海豹是我們請過最好的管家。她完全用不著告訴他怎麼做事或是什麼東西在哪裡，因為他不需要指示，就做得無懈可擊、周到、彬彬有禮。可是海豹真正贏得莎拉的好感是在她的祖母娜妮到我們亞特蘭大的家作客之後。娜妮完全就像是從情境劇《安迪・格里菲斯秀》走出來的人，而海豹則是十足的紳士表現，為她服務周到，幫她提行李，幫她做早餐，還讓她挽著他走路，所以她愛死他了。我想要是有娜妮在旁邊的話，她肯定會是海豹的主要保護對象！娜妮提到海豹時，總說他是「那個挺好的年輕人」。她會說：「傑西，那個挺好的年輕人……你那個朋友真是討人喜歡啊。」

莎拉似乎非常專心地在摺一件上衣。

「我在想，」她過了一會兒說：「我們應該試試看讓海豹住久一點。」

我看著老婆打包，恍然明白這一個月帶來的變化何其大。我現在對海豹的認識遠比他剛出現時多得多，可是我還是不了解他。不過我想他是故意這樣的。

莎拉丟了一片尿片給我，瞬間把我拉回現實。我接到尿片，準備去拉澤的房間，這時她看著我。

「我想過了，我覺得我也想要跟海豹鍛鍊身體。」

「好啊，老婆。妳要是真想這麼做，就去問他看看吧。」

我擺出一副平靜的樣子，其實我真是興奮極了！

「不過別想我會跳到那個結冰的湖裡去就是了。」她說。

訓練合計：跑八．五英里，三百下伏地挺身，跳進結冰的湖裡兩次。

康乃狄克州到亞特蘭大

2 — 31°C

09：00

第29天

抓緊時間，再練一次

我不會在累的時候停下來。在做完後我才會停止。——海豹

我們今天下午要去亞特蘭大一天，再檢查一下房子，不過我們先在雨和雪水中跑了十．六英里。天氣暖和了一點，但是路況有點泥濘。

「我們得在上飛機前好好跑一下。」海豹說。

這一趟是從我家跑到二十二號公路的一家小餐館。不知道那家餐館叫什麼，反正就是附近唯一的餐館。我也知道從紐約市開車到我家時，那家餐館是個路標。到了餐館之後，還要再開十五分鐘車。所以這段路跑起來沒有樂趣可言。

如我所料，這段路跑起來寂寞、悲催、起伏不平又辛苦。我跟莎拉說我們大概要一個半小時左右，而且是要跑到那家餐館。

「你們要跑到我們點外賣的那家餐館？你是在開玩笑吧？」

「我不是在開玩笑。」我回答。

「那你可不可以來接我——」她笑說。

海豹今天吞的那一把維他命中肯定漏了他的耐心丸，因為我們一開跑他就跑得飛快。每次在直線道路開始的幾英里都還可以看得到他，但是之後就完全不見蹤影。他比我早十八分鐘到達。

時間：一小時三十六分。

莎拉在我們離家九十五分鐘後上車，到餐館接我們。

九十分鐘後……

中午了。「我們一、兩個小時後就得到機場。」我對海豹說：「遲到的話，莎拉會宰了我們。」

兩分鐘後他讓我站上跑步機，在十五度傾斜下用三．六英里的速度走二十分鐘。

「來得及的。」海豹說。

接下來十分鐘是每四十五秒做三下引體向上。

「我們得走了。」

「安啦。」

接下來十分鐘每三十秒做十下伏地挺身。

就在做最後一回合之前，海豹說：「收工，走人。」

訓練合計：跑十．六英里，以十五度傾斜走二十分鐘，一百下伏地挺身，三十下引體向上。

光頭黨

我不喜歡混蛋，也不喜歡霸凌。——海豹

亞特蘭大的天氣美極了。喬治亞州炙熱的太陽散發出折磨人的紫外線。我一個人坐在後院的泳池邊看報紙，這時清潔女工走過來，表情很慌亂。她的英語說得不錯，就是有時候很難找到適當的字眼。

「你來了，傑西先生。」她說：「我擔心。前院有兩個男的要見屋主。有事情不對，傑西先生。」

於是我套上一件襯衫往前院去。

果然是有兩個傢伙，大約二十歲左右，穿著白色T恤和牛仔褲。他們正在翻過我們家的小樹籬往前門走過來。這兩個人身上是密密麻麻的刺青，都剃著光頭，而且都吸了大麻。

她說得對，「有事情不對。」

我們在亞特蘭大的社區住的大多是醫師、律師和年輕的專業人士。大家會在社區裡繞著圓環慢跑或是騎昂貴的登山自行車，而且每個人臉上都掛著笑容。

從街上就可以很清楚看到我們家，沒什麼特別的，有一個悉心照料的院子，稍微寬一點的車道，一棟大小適中的房子。我們雖然在外面裝了一些監視錄影機，但必須仔細觀察才會看到它們。

「兩位有什麼事嗎？」我用最自然的聲音問道。

「當然有。」光頭一號說：「可以告訴我這棟房子的屋主是誰嗎？」

「唔，兩位到底有什麼事呢？」

「我們剛搬到附近，小伙子。」他說。

這個傢伙叫我「小伙子」，我少說也比他大了二十啷噹歲。

「我們要認識一千個鄰居，每一個都要認識，這樣就可以拿到上大學的分數。」

一號露出笑容，給我看了一個夾板上的一個本子。

「我們今天已經見過烏謝爾了。你知道烏謝爾住在哪裡的，老兄。嗯，我們見過他們了。」

我知道烏謝爾不住在我家附近。我真的覺得這兩個人是針對我家而來。

天啊！

「對不起，兩位。我不住在這裡，我只是來做客的。」我騙他們。

「哦，那你可不可以叫你爸爸或女主人來？我們要見真正的屋主。」二號說。

他看起來就像二號。

這傢伙剛才是不是叫我去找我爸爸來？

「你要我去叫我爸爸來？」

「對！或者是找女主人來也可以。」一號大笑：「找一個住在這裡的人來。」

「沒問題。」我說：「等一下。」

我走到廚房，海豹正在做他的軍事級奶昔。

「我們發生一個狀況。」我從面對前院草坪的窗戶往外看。

海豹順著我的眼光看過去，他看到窗戶外面時，笑容慢慢在臉上漾開來。那兩個光頭好像意識到不太對勁，所以準備要走了。海豹從容地喝完他的奶昔。

「好戲上場了。」他說。

二十分鐘後，海豹走進大門，手上拿著他的愛瘋，給我看二號的大頭照。他臉紅耳赤，兩個腮幫子鼓脹得像河豚一樣，眼睛因為恐懼而睜大。

「是他嗎？」海豹問。

你可以看見照片裡海豹的手緊緊抓著那個傢伙的脖子，讓我想起《星際大戰》裡的黑武士從脖子把人抓起來的樣子。

「對！就是他。」

海豹把手機放進口袋，走到水槽那裡，把他剛才喝奶昔的杯子拿去洗。

「然後呢？」

「我跟他們說我就是屋主，而且我不喜歡他們他媽的在我的地盤上，要是他們敢再回來，我就會讓他們再也沒辦法走路。」

海豹把杯子放回碗櫥。「我真的不認為他們會再回來。」

決心

我就只做同樣的事，只不過我會做得更好。——海豹

今天是今年的最後一天。大部分人都會在新年的前夕訂下新計畫，我就是在今天早上飛回康乃狄克州的飛機上完成我的新計畫。

莎拉和我邀請一些朋友到家裡來吃晚餐。我們會圍著桌子，然後每一個人會在飯後甜點上桌之前說出來年的目標。我在腦海裡差不多已想好要說什麼，應該說是我在腦海裡列好了要點，我一向很熱衷於即興發揮（顯然我是這樣沒錯）。

「快樂星期三」全家族的人即將到來。我們兩、三年前便決定每年要在康乃狄克州的家裡搞一次大團圓。莎拉稱我們這一群人是「超級好朋友」，因為我

們也喜歡一起跑馬拉松和參加其他賽跑。稱之為「超級」頗有一些道理，因為我這麼多年來認識了許多人，和他們一起工作、一起玩，可是現在的這些朋友是一輩子的，是我想要一起併肩作戰的男男女女。

那天的白天和晚上通常是這樣過的：全部的人一起跑九英里上溫澤山，然後吃晚餐、喝葡萄酒什麼的，再在我家過夜。

晚餐聊天時話題轉到新年新計畫這件事上。我很好奇輪到海豹時他會說什麼。事實上，我想在座的每一個人都想知道海豹會怎麼說。一個朋友想要辭職，自己創業。另一個決定要搬到加州的葡萄酒之鄉去住。輪到海豹時，全桌的人都安靜下來。

「我不想要你們要的那些東西。我沒有想要的。我就是做同樣的事情，」他說：「只不過我會做得更好。」

海豹找個藉口離開飯桌，然後起身去地下室踩腳踏車。他回來後，我的朋友們開始問他問題。他們被他吸引，在客廳圍著海豹形成一個大圈圈。他騎完腳踏車回來還在流汗，可是膝蓋上放了一條毛巾接汗水，以免滴到地毯上。

喝酒讓每一個人都放鬆了一點。他看著我們所有的人，解除了他的武裝，彷彿為自己在餐桌前表現出這麼兇猛的氣勢而感到抱歉。

「我只是覺得你們對自己的人生信心不足。」他溫和地說。

紐約市

4°C

12：30

第30天
最後一次跑步

如果你能看清楚自己在做什麼，就會成功。但如果你不知道自己到底是在做什麼，通常你就無法如願。——海豹

吃過午飯後，我們開車回紐約市。海豹早上放我假。我在廚房做清理工作。莎拉和海豹在客廳，然後我看到老婆站在門口。

「海豹留下來訓練妳的事問得如何？」我問。

「他只能多待一天，」莎拉說：「他明天走。」

「他有沒有說原因？」

「有公務在身。」

「公務？」

莎拉聳聳肩。

「就這樣？」

「就這樣。」

我們兩個都對他不留下來感到很失望，而且好奇心爆表。不過我還沒笨到去問他，反正我喜歡在腦海裡想像海豹在敘利亞或什麼地方進行午夜救援人質的畫面。

「喔，不過他有說願意再回來訓練我就是了。」莎拉說。

「真的嗎？」

「對，只要他叫我做什麼我都照做而且完全不設限。」

就在那一刻，海豹走進廚房，臉上掛著我見過在他臉上出現的最大笑容。

「晚餐吃什麼？」海豹問：「大紅雞肉嗎？」他咯咯笑著，彷彿這是天下最好笑的笑話。我們出發去中央公園跑六．一英里環路。這會是我們的最後一趟跑步。

我跟海豹在紐約的第一趟跑步是在三十天前。我們跑的環形路線完全一樣，當時跑了五十六分〇四秒（一英里九分二十秒的速度）。海豹訓練我一個月後，我現在每英里的速度是七分五十秒。

我們照例在跑步時不講話，即便這是最後一次跑步。沒有最後的考驗，沒有說恭喜的話，什麼都沒有，就只是像兩個天天一起跑步的同伴那樣。晚上也沒有任何異於平常之處。我們在家一起吃晚餐，海豹陪拉澤玩，莎拉跟他聊天。儘管她盡量不顯露出來，但是我看得出來她真的因為和海豹相處的時間接近尾聲而感到依依不捨。我也一樣。

今天跑步的分段速度：

第一英里：八分〇二秒。

第二英里：七分五十六秒。

第三英里：七分二十六秒。

第四英里：七分四十五秒。

第五英里：七分四十三秒。

第六英里：七分三十二秒。

合計：四十六分三十四秒（平均速度七分四十五秒）。

在海豹來之前，我有時候會坐在沙發上不想做任何必須做的事情，這時就會想「管他的」，然後就撒手不做，就這麼因循泄沓。

我現在想法不同了。離開沙發去做，這就是我提醒自己的。海豹永遠不會說：「管他的。」他會離開沙發去做，不論當下是幾點鐘、氣溫幾度、或者他有多累。我多少吸收了一點把事情完成和不找藉口的態度，這讓我心存感激。

我對時間的觀念也改變了。海豹在這裡的時候我反而做了更多的事，效率更高。現在假使必須開上好幾小時的車去某個地方，我也不會沮喪。反之，我會想到自己能坐在一個溫暖舒適的環境，是何其幸運之事。真是奇怪，也許我變得比較活在當下，也或者我比較懂得感恩了，不論是什麼原因，我對時間的看法不可同日而語。也許這是一種新得的耐心或者成熟吧。

我不罷休或不放棄的意志也有所改變了……在鍛鍊身體和在工作方面皆然。

海豹有一種不在乎的態度，使他不同於一般人。在海軍的海豹特種部隊裡，非裔美籍隊員並不多，他得在白人主導的耐力運動中和別人一爭長短，但他一點也不在乎。海豹就做自己想做的事。他沒有採取人人告訴他應該採取的方式生活。他是刻意這麼做的，這一點我很佩服他。他的正常一直就是不正常，這是我們的共同點。

海豹在住進來的第一天，就告訴我必須控制自己的意念。我以為這只是一個說法或是一句脫口而出的評語罷了，但我想這句話可能比我原先以為的更有道理。腦袋有時會告訴我們一些和自己有關的小謊話，而我們也信以為真，以為自己做不到這個或做不到那個，其實不然。

我從來沒有真正寫過履歷表，因為我主張的一直是生活的履歷。我看了一下海豹，他正在寫他的日誌。他只是想要明天比今天更好而已。這也是我現在想要的。

訓練合計：跑六英里。

紐約市

-5°C

08：00

第31天
難過的一天

唯一好過的日子就是昨天。——海豹

我早上八點自己醒來，屋子裡的感覺不太一樣；能量改變了。

我去海豹的房間，海豹不在那裡。他走了。房間裡井井有條，棉被疊得有稜有角，在上面丟一個銅板都會被彈起來。一切跟他來之前一模一樣，他好像從來沒有到過這裡似的。真是詭異。

我走進廚房時，看到一張字條。是海豹寫的。

沒有言情並茂的道別，沒有依依不捨說再見，沒有任何灑狗血的字眼，就只有幾個字：「嘿！老兄，謝啦！」

就這樣，他就只寫了這幾個字。這傢伙三十天來天天五點叫我起床，卻沒有叫醒我說再見。

海豹的道別紙條

我開始意識到這一切都結束了。海豹已經返回基地。

雖然海豹在房間裡沒有留下任何痕跡，但是他的影響力遍布我們家的每一個角落。例如，每個房間裡現在都有一個滅火器和一個手電筒。拉澤、莎拉和我都有全套防火衣，以防某天夜裡我們醒來這裡成了地獄一般的地方（但願不會有那一天）。而且，要是情況真的惡劣至極，我們的酒吧後面有一個充氣背包，可以變身成一個有槳也有馬達的救生筏。

這是為了九一一之類的事情發生時備用的。要是有人問起，我會搬出海豹對我們說的話：「這是我們逃出曼哈頓的逃生工具，靠。」我最近也在亞特蘭大一家戶外家具店採買了一番，以防我必須「露宿」監看什麼人。

海豹也在我身上留下不可磨滅的印記。我變得前所未有的精實健壯、快速、意志堅定（帶我去結冰的湖，我證明給你看！）。我可以一天做一千下伏地挺身。我現在對以前繞著中央公園環路跑步的速度嗤之以鼻。我身上真的沒有一兩肥肉，可是讓我身材超棒只是海豹為我做的事情之一。

我有好幾棟房子，一個司機，搭的是私人飛機。這些我通通都有。而海豹有的是軍人證和現金。他就只帶著這些東西趴趴走，隨身行李只有一個背包，裡面裝著他的所有家當。他不想過我的生活，但是我想要過他的生活。

首先，我會從簡化東西開始。我會試著把衣物減少到三十件，我清理衣櫥和車庫裡多餘的東西，然後把東西丟掉。我開始刪除所有的伊媚兒，感覺好爽。我開始不立即回電話，感覺超爽。

海豹顯然不想要我們任何一部分的生活。我真的佩服他把日子過得如此簡單。他用不著聽別人講話，做決定時也不用跟一團隊的人辯論。這跟他從事的工作領域有關，我懂。然而海豹擁有的那種簡單是生活中最重要的事，他可以天天做他愛做的事，生活沒有壓力。

海豹在兩萬英尺爬坡的超級馬拉松賽中跑斷腳，而那並不是他頭一次如此。他經常在艱辛的超馬中跑斷腳，他的主動脈有個連外科醫師也無法密合的洞。此外，他還有氣喘。

而且，他真的**討厭跑步**。

他跑步是為了慈善募款，幫助在戰場上捐軀的海豹特種部隊的遺屬。我聽過最感動人的一場演講是著名籃球教練吉米．瓦爾瓦諾（Jimmy Valvano）在年度卓越體育獎（ESPY Awards）頒獎典禮上的致辭。罹患癌症、只剩下數月生命的瓦爾瓦諾告訴觀眾這句重要的話。「別放棄，」他說：「千萬別放棄。」

我聘請海豹是因為我想要讓身體達到最棒的狀態，我請他來也是因為我喜歡不可預料，有什麼方法會比請一個海軍海豹特種部隊跟我住一個月訓練我更冒險？最後，我想請他來是要跳脫一成不變，帶來衝擊，不再得過且過，這樣才能用不同的方式處理機會和挑戰。

可是我的收穫遠大於付出。

「重點在於保護你擁有的東西。」他對我說如何成為一個海豹特種部隊隊員。他說的或許是捍衛民主或自由、或是使我們不受到恐怖主義的戕害，但是我認為他說的是保護與家庭生活更密切的東西。

可是也許我從海豹身上學到最重要的事，是他對困難見獵心喜的態度。訓練愈難，要更多的勇氣才能做，而獲得的滿足感愈大。海豹教我的是一輩子只有一次機會，所以應該找出你的儲備箱裡有什麼。海豹會說不費力氣做事是「沒有男子氣概的人」才會做的事，只有多下功夫，你才會覺得活力充沛。他就是用那種方式生活，而且或多或少也影響了我。

後記

在海豹搬走之後兩、三個月，我和莎拉去巴哈馬群島度假，並邀海豹一起去休假幾天。那是一個短短的假期，我想看看他有沒有興趣和我們一起去。

「收到。」他說。

他沒帶行李，只帶了腳踏車和一台固定式腳踏車的裝置。

「我要在裡面踩個幾百公里。」他說。

「在島上？」

「不是，在我房間裡。」

我們在那裡待了三天，他把「請勿打擾」的牌子掛在他的門把上，一步也沒有踏出房間。這裡有世上最美的環境：女人、賭場、和道奇隊帽子顏色一樣的海洋。可是他只是把床推過去頂著牆壁，以便面對海洋踩踏：海洋俱樂部、亞特蘭提斯酒店、二十七樓是海豹的健身中心。他說他是在為橫越美洲的自行車之旅而鍛鍊體力。

一年之後……

我和齊許在辦公室裡。電話鈴響，她接起來，然後笑了起來。

「找你的。」她把手蓋在話筒上說。

「誰打來的？」我小聲說。

「海豹。」她小聲回答。

「喂，大哥，你好嗎？」

「好。」海豹說。

「怎麼了嗎？」

「只是跟你說一聲，我今天在紐約開會。」他說。

「太好了，」我說：「你要不要來住我們家？」

「不了，不想給你壓力，只是讓你知道一下我在這裡。」

「哦，那你要住在哪裡？」

「我就睡在中央公園。」他說。

我從辦公室望向窗外，外面在下雪，我的電腦上說氣溫是零下一度。

「收到。」我說：「我在想今天會是氣溫二十一度、豔陽高照的好天氣。」

我一向是喜歡團隊運動的人。所有優秀的團隊都有出色的隊員，擅長自己的位置。倘若不是我的隊友們辛苦的工作，不可能會有這本書：珍妮佛・奇希、莉莎・雷希尼、特尼・達夫、瑞克・福林恩、馬克・艾戴曼、亞當・巴迪拉、布萊恩・布雷克、艾瑞卡・賈夫、馬克・布郎、強尼「照片」、喬・侯德、狄娜・勒文、史黛拉・布朗、佩吉・路瑟、雀兒喜。卡杜庫斯、凱特・哈森、還有中央街的所有工作人員。沒有他們，這本書絕不可能開花結果。

如果沒有我了不起的老婆支持，也絕不可能有這本書，因為她讓這件匪夷所思的事情在她自家的屋頂下進行。老婆，我再也不會跳進結冰的湖裡去了（我真是福大命大！）。

最後，我要謝謝海豹投注三十一天和我們一家共同生活。我學到的遠超過強健體魄。感謝你。

最佳隊友會彼此的信任。

收到！

31 天訓練總表

日	跑步里程	伏地挺身	引體向上	仰臥起坐	巴比跳	開合跳	跳箱	踢腿	消防員背負
1	6	0	100	0	0	0	0	0	0
2	12	0	0	0	0	0	0	0	0
合計（第1-2日）	18	0	100	0	0	0	0	0	0
3	14.3	0	0	0	0	0	0	0	0
合計（第1-3日）	32.3	0	100	0	0	0	0	0	0
4	6	100	36	0	0	0	50	0	0
合計（1-4日）	38.3	100	136	0	0	0	50	0	0
5	0	150	0	0	0	0	0	0	0
合計（1-5日）	38.3	250	136	0	0	0	50	0	0
6	12	300	0	0	100	0	0	0	0
合計（1-6日）	50.3	550	136	0	100	0	50	0	0
7	17	275	0	0	0	0	0	0	0
合計（1-7日）	67.3	825	136	0	100	0	50	0	0
8	6	0	0	0	0	0	0	0	0
合計（1-8日）	73.3	825	136	0	100	0	50	0	0
9	6	0	10	100	0	0	0	0	0
合計（1-9日）	79.3	825	146	100	100	0	50	0	0
10	2	171	30	0	0	0	0	0	0
合計（1-10日）	81.3	996	176	100	100	0	50	0	0
11-12	8	484	0	132	0	0	0	0	0
合計（1-12日）	89.3	1480	176	232	100	0	50	0	0
13	8	200	0	0	0	800	0	0	0
合計（1-13日）	97.3	1680	176	232	100	800	50	0	0
14	6	0	0	0	100	0	0	0	14
合計（1-14日）	103.3	1680	176	232	200	800	50	0	14
15	8	350	0	0	0	0	0	0	0
合計（1-15日）	111.3	2030	176	232	200	800	50	0	14
16	17	0	0	0	0	0	0	0	0
合計（1-16日）	128.3	2030	176	232	200	800	50	0	14

日	跑步里程	伏地挺身	引體向上	仰臥起坐	巴比跳	開合跳	跳箱	踢腿	消防員背負
17	3	465	0	50	0	0	0	50	0
合計（1-17日）	131.3	2495	176	282	200	800	50	50	14
18	0	364	30	0	0	0	0	100	0
合計（1-18日）	131.3	2859	206	282	200	800	50	150	14
19	6	200	0	0	0	0	0	0	0
合計（1-19日）	137.3	3059	206	282	200	800	50	150	14
20	8	400	0	550	0	0	0	0	0
合計（1-20日）	145.3	3459	206	832	200	800	50	150	14
21	10	0	0	0	0	0	0	0	0
合計（1-21日）	155.3	3459	206	832	200	800	50	150	14
22-23	16.1	700	0	0	0	0	0	0	0
合計（1-23日）	171.4	4159	206	832	200	800	50	150	14
24	3.5	154	0	0	0	0	0	0	0
合計（1-24日）	174.9	4313	206	832	200	800	50	150	14
25	9.5	775	0	125	0	0	0	0	0
合計（1-25日）	184.4	5088	206	957	200	800	50	150	14
26	9.5	0	0	0	0	0	0	0	0
合計（1-26日）	193.9	5088	206	957	200	800	50	150	14
27	3.5	1000	0	0	0	0	0	0	0
合計（1-27日）	197.4	6088	206	957	200	800	50	150	14
28	8.5	300	0	0	0	0	0	0	0
合計（1-28日）	205.9	6388	206	957	200	800	50	150	14
29	10.6	100	30	0	0	0	0	0	0
合計（1-29日）	216.5	6488	236	957	200	800	50	150	14
30	6	0	0	0	0	0	0	0	0
合計（1-30日）	222.5	6488	206	957	200	800	50	150	14

人生顧問 266

和海豹特種部隊生活的31天

百萬企業家脫離舒適圈，突破體能極限，鍛鍊強韌心智的終極之旅

作者——傑西．伊茨勒
譯者——錢基蓮
主編——李宜芬
責任編輯——郭香君
執行企劃——張燕宜
封面、內頁版型設計——陳文德
內頁排版——時報出版美術製作中心
董事長
總經理——趙政岷
總編輯——余宜芳
出版者——時報文化出版企業股份有限公司
10803台北市和平西路三段二四〇號三樓
發行專線—（〇二）二三〇六六八四二
讀者服務專線—〇八〇〇二三一七〇五
（〇二）二三〇四七一〇三
讀者服務傳真—（〇二）二三〇四六八五八
郵撥—一九三四四七二四時報文化出版公司
信箱—台北郵政七九~九九信箱
時報悅讀網—http://www.readingtimes.com.tw
時報出版臉書—http://www.facebook.com/readingtimes.fans
法律顧問—理律法律事務所 陳長文律師、李念祖律師
印刷—盈昌印刷有限公司
初版一刷—二〇一七年六月三十日
定價—新台幣三六〇元
行政院新聞局局版北市業字第八〇號

時報文化出版公司成立於一九七五年，
並於一九九九年股票上櫃公開發行，於二〇〇八年脫離中時集團非屬旺中，
以「尊重智慧與創意的文化事業」爲信念。

國家圖書館出版品預行編目資料

和海豹特種部隊生活的31天 : 百萬企業家脫離舒適圈,突破體能極限,
鍛鍊強韌心智的終極之旅 / 傑西.伊茨勒(Jesse Itzler)作 ; 錢基蓮譯.
-- 初版. -- 臺北市 : 時報文化, 2017.06
面 ;　公分

譯自 : Living with a SEAL : 31 days training with the toughest man on the planet

ISBN 978-957-13-7030-9(平裝)

1.自我實現　2.體能訓練

177.2　　106008319

978-957-13-7030-9
Printed in Taiwan